"Muitos pais cristãos caem  fazer no coração de seus filhos aquilo que só a graça pode realizar. Munidos de ameaças, manipulação e culpa, eles tentam criar uma mudança que somente a cruz de Jesus Cristo torna possível. É tão encorajador ler um livro sobre criação de filhos que direciona os pais à graça da cruz e lhes mostra como ser instrumentos dessa graça na vida de seus filhos."
Paul David Tripp, Presidente, Ministério Paul Tripp

"Em nossas tentativas humanas de criar filhos bons e piedosos, muitas vezes nos esquecemos de que Deus estendeu sua melhor graça a nós. Não somos cheios de graça por nossa própria conta; precisamos desesperadamente da graça dele. Elyse Fitzpatrick e sua filha, Jessica, fornecem uma ótima ferramenta para guiar os pais no caminho da criação graciosa de filhos. Eu a recomendo a você."
James MacDonald, Pastor Sênior, Harvest Bible Chapel; professor de rádio, *Walk in the Word [Andando na Palavra]*

"Elyse Fitzpatrick prossegue em sua interminável busca por produzir livros saturados do evangelho, cristocêntricos e cheios da graça. E, agora, ela fez isso mais uma vez junto com a sua filha, Jessica, coautora deste excelente livro sobre criação de filhos. Se você for pai, conecte-se à internet e encomende o seu exemplar de *Pais Fracos, Deus Forte* hoje!"
Deepak Reju, Pastor de Famílias e Aconselhamento Bíblico, Igreja Batista Capitol Hill, Washington, DC

"As autoras – mãe e filha – nos lembram de que criar filhos não é apenas difícil, mas também impossível. Sim, precisamos educar, ensinar, disciplinar, treinar, orar e servir como modelo, mas não devemos depender de nossas competências como pais para mudar os corações de nossos filhos. Em vez disso, elas aconselham os pais a 'confiar na fidelidade de Jesus, nosso grande sumo sacerdote, para mudar seus corações'. Graça, tanto para pais quanto para filhos, flui através das páginas deste livro. Eu queria apenas ter podido lê-lo no início da criação dos meus filhos ao invés de no final."

Rose Marie Miller, missionária; palestrante; autora, *From Fear to Freedom* [Do Medo à Liberdade]

"Este não é apenas um livro sobre criação de filhos; é uma profunda formação no evangelho. Elyse Fitzpatrick mostra aos pais como se tornarem eles próprios modelos segundo o Pai celestial, o qual modificou seus filhos não por meio da ira e da lei, mas por meio da graça. Diversos livros tratam da centralidade do evangelho na teoria; este livro mostra como aplicá-la a um dos relacionamentos mais importantes da vida."

J. D. Greear, Pastor, *Summit Church*, autor, *GOSPEL: Recovering the Power that Made Christianity Revolutionary* [EVANGELHO: Recuperando o Poder que Tornou o Cristianismo Revolucionário]

Elyse Fitzpatrick
Jessica Thompson

Pais Fracos
Deus Forte

Criando filhos na graça de Deus

FIEL Editora

F559p   Fitzpatrick, Elyse, 1950-
          Pais fracos Deus forte : criando filhos na graça de Deus /
        Elyse Fitzpatrick, Jessica Thompson ; [prefácio de Tullian
        Tchividjian] – São José dos Campos, SP : Fiel, 2015.

          324 p. ; 14x21cm.
          Título original: Give them grace.
          Inclui referências bibliográficas.
          ISBN 978-85-8132-218-6

          1. Criação de filhos – Aspectos religiosos – Cristianismo.
        2. Lei e evangelho. I. Título. II. Thompson, Jessica, 1975-.
        III. Tchividjian, Tullian, 1972-.

                                                    CDD: 248.8/45

Catalogação na publicação: Mariana C. de Melo – CRB07/6477

Pais Fracos, Deus Forte
Criando filhos na graça de Deus
Traduzido do original em inglês
*Give Them Grace: Dazzling Your Kids
with the Love of Jesus*
Copyright ©2011 por Elyse M. Fitzpatrick
e Jessica Thompson

■

Publicado por Crossway Books, Um ministério de
publicações de Good News Publishers
1300 Crescent Street
Wheaton, Illinois 60187, USA.

Copyright © 2013 Editora Fiel
Primeira Edição em Português: 2015
Segunda Edição em Português: 2015

Todos os direitos em língua portuguesa reservados por
Editora Fiel da Missão Evangélica Literária

PROIBIDA A REPRODUÇÃO DESTE LIVRO POR QUAISQUER
MEIOS, SEM A PERMISSÃO ESCRITA DOS EDITORES,
SALVO EM BREVES CITAÇÕES, COM INDICAÇÃO DA FONTE.

■

Diretor: Tiago J. Santos Filho
Editor-chefe: Vinicius Musselman
Editora: Renata do Espírito Santo
Coordenação Editorial: Gisele Lemes
Tradução: Ingrid Rosane de Andrade
Revisões: Maurício Fonseca e Renata do Espírito Santo
Diagramação: Rubner Durais
Capa: Rubner Durais
ISBN: 978-85-8132-315-2

Caixa Postal 1601
CEP: 12230-971
São José dos Campos, SP
PABX: (12) 3919-9999
www.editorafiel.com.br

Para
minha querida mãe, Rosemary.
– Elyse

Para
meu marido, Cody,
com gratidão por me apoiar nesta empreitada
e por amar Cristo, nossos filhos, a igreja e a mim.
Eu amo você.
E para os meus pais,
cujo amor um pelo outro e por Cristo me modificou.
– Jessica

Para
Kei, querida amiga,
cujas palavras foram tão úteis
e cuja vida falou por si mesma.
– Elyse e Jessica

Sumário

Introdução: Você é um Pai Cristão? 9

Parte Um **Fundamentos da Graça**

Capítulo 1   Do Sinai ao Calvário 27

Capítulo 2   Como Criar Bons Filhos 49

Capítulo 3   Esta é a Obra de Cristo 69

Capítulo 4   Jesus Ama Todos os Seus Pequenos Pródigos e Fariseus 93

Parte Dois **Evidências da Graça**

Capítulo 5   Graça que Educa 119

Capítulo 6   Sabedoria Maior que a de Salomão 145

Capítulo 7   A Única História Realmente Boa 169

Capítulo 8   Vá e Diga a Seu Pai 197

Capítulo 9   Pais Fracos e Seu Forte Salvador 219

Capítulo 10 Descansando na Graça 241

	Relembrando a Graça de Deus Mais uma Vez 259
Apêndice 1	A Única História Realmente Boa............................ 263
Apêndice 2	Problemas Comuns e o Evangelho........................ 269
Apêndice 3	A Melhor Notícia de Todos os Tempos 295
	Notas 305

Introdução

Você é um Pai Cristão?

Jessica ouviu o grito aterrorizante emanar do quarto de brinquedos. Correndo freneticamente para fora do banheiro (toda mãe sabe o que isso!), ela encontrou seu filho mais velho, Wesley (então com quatro anos de idade), sentado em cima de seu irmão mais novo, dando murros a torto e a direito. Enquanto puxava com força Wesley de cima de seu irmão, ela exigia: "Wesley, você deve amar seu irmão"!

"Mas ele me deixa louco! Eu não posso amá-lo!", Wesley respondeu com lágrimas de raiva.

Temos certeza de que você, como pai, pode facilmente imaginar uma situação igual a essa. Agora, se você fosse o pai ou a mãe de Wesley, como você lhe responderia? Ou, para sermos mais diretos, como você acha que um pai *cristão* deveria responder a uma criança raivosa, desobediente e incorrigível? E será que a resposta de um cristão deveria diferir significativamente do que talvez ouçamos de uma amorosa mãe mórmon ou de um pai judeu cuidadoso? Claro, todos os pais, sem dúvida, teriam impedido seu filho e lhe dito que bater em seu irmão mais novo é um comportamento inadequado. Mas e então? O que viria em seguida? Existe algo que faria a resposta de um cristão distintamente cristã?

Quando estávamos criando nossa filha Jessica (juntamente com seus irmãos, James e Joel), eu (Elyse) teria respondido ao "eu não posso amar o meu irmão!" do Wesley desta maneira: "Ah, sim, você pode e você vai! Deus diz que você deve amar o seu irmão, e é melhor você começar a amar – ou alguma coisa parecida"! Será que a sua resposta teria sido diferente da minha? Se sim, em que sentido e como você saberia se ela teria sido distintamente cristã? Afinal, é óbvio que, embora sejamos pais cristãos, não necessariamente a nossa forma de criar filhos seja essencialmente cristã. Frequentemente é algo completamente diferente.

Para Onde Esses Passos Fáceis Levaram?

Visto que a criação de filhos é uma empreitada do tipo que se aprende-à-medida-que-faz, livros e seminários sobre fazer isso bem estão em alta demanda. E porque a maioria de nós tem o tempo curto, apreciamos especialmente os professores e escritores que nos dão uma lista organizada de três passos infalíveis que podemos memorizar em uma tarde, enquanto as crianças desfrutam de algumas horas brincando com seus

Introdução: Você é um Pai Cristão?

amigos. Sabemos que aprender a responder a perguntas como a colocada acima é um dos principais motivos pelos quais você pegou este livro. Você está se perguntando o que dizer quando parece que seus filhos não estão entendendo as coisas e parecem, de fato, estar indo na direção errada. Como um pai ou uma mãe cristãos deveriam responder à desobediência, egoísmo, incorrigibilidade ou mau humor que tão frequentemente marcam as vidas de nossos filhos? Por outro lado, como devemos reagir quando, exteriormente, eles parecem obedientes, mas estão obviamente sendo orgulhosos e hipócritas?

Nós entendemos. Nós sabemos que você precisa de respostas. Você quer ser um pai fiel, ou então você não estaria se dando ao trabalho de ler este livro. Assim como você, nós desejamos ser pais fiéis também. Mas tanto a Jessica quanto eu (Elyse) não somos apenas mães que, junto com os maridos, querem ser pais fiéis; nós também somos pessoas que foram transformadas pela mensagem do evangelho da graça. Então, sim, este livro responderá a muitas das suas perguntas do tipo "Como eu devo reagir a *esse* tipo de comportamento?". Mas esse não é o seu objetivo principal.

Este livro lhe fornecerá algo mais do que uma fórmula de três passos para pais de sucesso. Isso porque, embora possa parecer um contrassenso, nenhum de nós precisa de mais leis. Neste caso, a lei pode mascarar-se com "passos fáceis", "dicas para o sucesso" ou mesmo "fórmulas secretas", mas não se engane: no fundo, isso é lei. Mórmons, muçulmanos e ateus moralistas, todos compartilham a crença de que a lei pode nos aperfeiçoar, mas os cristãos não. Cristãos sabem que a lei não pode salvar; o que precisamos é de um Salvador. Nós precisamos de um Salvador, porque cada um de nós já demonstrou que não responde bem a regras (Rm. 3:23). A nós foi dada uma lei perfeita (Rm. 7:12), mas nenhum de nós – não, nem mesmo um – a obedeceu (Rm. 3:10). Por que achamos que a nossa taxa de sucesso seria diferente se apenas tivéssemos leis diferentes?

À luz do nosso péssimo desempenho, deveria ser óbvio que a nossa salvação e a salvação de nossos filhos têm que vir de outra pessoa. Essa pessoa precisa nos dar algo diferente do que mais regras para obedecer. Mas há algo diferente? Há graça. E o que ele nos traz é simplesmente isso – graça. Graça é o que nós queremos dar a você também, a fim de que você, por sua vez, possa dar aos seus filhos. Nossa salvação (e de nossos filhos também) é somente pela graça por meio da fé somente em Cristo. Graça somente.

A maioria de nós estamos dolorosamente conscientes de que não somos pais perfeitos. Também estamos profundamente entristecidos por não termos filhos perfeitos. Mas o remédio para nossas imperfeições mútuas não é mais lei, ainda que isso pareça produzir filhos mais arrumadinhos ou educados. Filhos cristãos (e seus pais) não precisam aprender a ser "gentis". Eles precisam da morte e ressurreição, e de um Salvador que foi adiante deles como um sumo sacerdote fiel, o qual foi ele mesmo criança, e viveu e morreu perfeitamente em seu lugar. Eles precisam de um Salvador que estenda a oferta de perdão completo, retidão perfeita e adoção indissolúvel para todos os que creem. Essa é a mensagem da qual todos nós precisamos. Precisamos do evangelho da graça e da graça do evangelho. Os filhos não podem aproveitar a lei mais do que nós aproveitamos, porque eles responderão a ela da mesma forma que nós. Eles a ignorarão, torcerão ou obedecerão externamente para fins egoístas, mas uma coisa é certa: eles não a obedecerão com o coração, porque eles não podem. É por isso que Jesus teve que morrer.

Entendemos que você pode ficar um pouco desconfortável com o que estamos dizendo. Você pode estar se perguntando o que queremos dizer com a "lei" e por que estamos dizendo que nossos filhos não precisam dela. Não desanime. Nós antecipamos suas perguntas e as responderemos para você nos capítulos a seguir. Nós não deixaremos você sem uma forma de educar e responder a seus filhos, embora ela possa ser muito diferente da forma como você está fazendo isso agora.

Eles Ouviram a Mensagem?

Os cristãos sabem que o evangelho é a mensagem que os incrédulos precisam ouvir. Nós lhes dizemos que eles não podem ganhar a sua entrada para o céu e que eles têm que confiar somente em Jesus para a sua justiça. Mas, então, algo estranho acontece quando começamos a ensinar os incrédulos em miniatura em nossa própria casa. Esquecemo-nos de tudo o que sabemos sobre a letalidade de confiar em nossa própria justiça e lhes ensinamos que o cristianismo tem tudo a ver com comportamento e se, em um determinado dia, Deus estará satisfeito ou insatisfeito com eles. Não é à toa que tantos deles (algumas estimativas chegam a 88 por cento, mas *nenhuma* é menor que 60 por cento[1]) são perdidos para a rebeldia absoluta ou para seitas baseadas em obras, como o mormonismo, logo que eles estão livres para fazerem uma escolha independente.

Não há nenhuma maneira fácil de dizer isso, mas é preciso dizer: os pais e as igrejas não estão passando adiante uma fé cristã sólida e um comprometimento com a igreja. Podemos ter algum consolo no fato de que muitos filhos crescidos eventualmente retornam. Mas os pais e as igrejas cristãs precisam se fazer a difícil pergunta: "O que acontece com o nosso compromisso de fé que não encontra raiz na vida de nossos filhos"?[2]

A premissa deste livro é que a principal razão pela qual a maioria dos filhos de lares cristãos desvia-se da fé é que eles nunca realmente ouviram o evangelho ou, para início de conversa, nunca tiveram fé. Eles foram ensinados que Deus quer que eles sejam bons, que o pobre Jesus fica triste quando eles desobedecem, e que pedir a Jesus para entrar em seu coração é toda a dimensão da mensagem do evangelho. Raspe a superfície da fé dos jovens ao seu redor e você encontrará uma deficiência de compreensão preocupante, até mesmo dos princípios mais básicos do cristianismo.

Isso é ilustrado por uma conversa que tive recentemente com uma jovem mulher de vinte e poucos anos que havia sido criada em um lar cristão e frequentado a igreja a maior parte de sua vida. Depois dela assegurar-me de que era, realmente, salva, eu a perguntei: "O que significa ser cristão"?

Ela respondeu: "Significa que você pede a Jesus para entrar em seu coração".

"Sim, tudo bem, mas o que isso quer dizer?"

"Quer dizer que você pede a Jesus para perdoá-lo."

"Ok, mas pelo que você pede que ele perdoe você?"

"Coisas más? Eu acho que você pede para ele perdoar você pelas coisas más, hum, os pecados que você comete."

"Como o quê?"

Como um cervo assustado diante de um farol alto, ela olhou para mim. Eu pensei em tentar uma tática diferente.

"Por que Jesus a perdoaria?"

Ela se mexeu. "Hum, porque você pede a ele?"

Ok, eu pensei, vou tentar novamente.

"O que você acha que Deus quer que você saiba?"

Ela sorriu. "Ele quer que eu saiba que eu devo amar a mim mesma e que não há nada que eu não possa fazer se eu pensar que posso".

"E o que Deus quer de você?", perguntei.

"Ele quer que eu faça coisas boas".

"Como?"

O cervo reapareceu. "Você sabe, ser bom para os outros e não ficar por aí com pessoas más."

Seja Bom pelo Amor de Deus

Claro, você pode dizer que essa superficialidade é uma aberração e que não é típico das crianças em sua casa ou igreja. Esperamos que você tenha razão. Mas todos nós temos que admitir que, se a maior parte das nossas crianças está deixando a fé o mais cedo possível, algo deu terrivelmente errado. Certamente a fé que capacitou a igreja perseguida por dois milênios não é tão rasa e tediosa como "Peça desculpa", "Seja bonzinho" e "Não seja como *eles*". Por que qualquer pessoa desejaria negar a si mesma, entregar a sua vida ou sofrer por algo tão vazio quanto isso? Além da parte "Peça a Jesus para entrar em seu coração", como essa mensagem difere da que qualquer criança sem igreja ou um jovem judeu ouve todos os dias?

Vamos encarar o fato: a maioria de nossas crianças acredita que Deus está feliz se elas forem "boas pelo amor de Deus". Nós transformamos o Deus santo, aterrorizante, magnífico e amoroso da Bíblia no Papai Noel e seus duendes. E, em vez de transmitirmos as verdades gloriosamente libertadoras e transformadoras de vidas do evangelho, nós ensinamos aos nossos filhos que o que Deus quer deles é moralidade. Nós lhes dissemos que *ser bom* (pelo menos exteriormente) é o objetivo final de sua fé. Isso não é o evangelho; não estamos passando o cristianismo adiante. Precisamos muito menos de *Os Vegetais* e *Barney* e toneladas a mais da mensagem radical, escandalosa e sangrenta do Deus feito homem e subjugado por seu Pai por nosso pecado.

Essa outra coisa que estamos dando a eles tem um nome – é chamado de "moralismo". Aqui está como um professor de seminário descreveu sua experiência de infância na igreja:

> Os pregadores que eu regularmente ouvia na... igreja
> na qual fui criado tendiam a interpretar e pregar as

Introdução: Você é um Pai Cristão?

Escrituras sem Cristo como o foco... central. Personagens como Abraão e Paulo eram recomendados como modelos de fé sincera e obediência fiel... Por outro lado, homens como Adão e Judas eram criticados como a antítese do comportamento moral adequado. Assim, a Escritura tornou-se nada mais do que uma fonte de lições de moral sobre a vida cristã, quer sejam boas ou más.[3]

Quando mudamos a história da Bíblia do evangelho da graça para um livro de ensinamentos morais, como as fábulas de Esopo, todos os tipos de coisas dão errado. Crianças descrentes são encorajadas a mostrar o fruto do Espírito Santo, mesmo que estejam espiritualmente mortas em seus delitos e pecados (Ef. 2:1). Crianças impenitentes são ensinadas a dizer que estão arrependidas e a pedir perdão, mesmo que nunca tenham provado a verdadeira tristeza piedosa. Crianças não regeneradas são informadas de que elas estão agradando a Deus por terem conseguido alguma "vitória moral". Boas maneiras foram elevadas ao nível da justiça cristã. Pais disciplinam seus filhos até que eles evidenciem uma forma prescrita de contrição e outros trabalham arduamente para manter seus filhos longe da perversidade do mundo, assumindo que a perversidade dentro de seus filhos tenha sido tratada, porque uma vez eles fizeram uma oração na Escola Bíblica de Férias.

Se os nossos "compromissos de fé" não criaram raízes em nossos filhos, talvez não seja porque eles não ouviram consistentemente sobre eles? Em vez de o evangelho da graça, nós lhes demos banhos diários em um "mar de moralismo narcisista"[4], e eles respondem à lei da mesma forma que nós: correndo para a saída mais próxima, assim que possível.

A criação moralista de filhos acontece porque a maioria de nós tem uma visão errada da Bíblia. A história da Bíblia não é uma história sobre como fazer bons meninos e meninas serem melhores. Como Sally Lloyd-Jones escreve no *Livro de Histórias Bíblicas de Jesus*:

> Agora, algumas pessoas pensam que a Bíblia é um livro de regras, dizendo o que você deve e não deve fazer. A Bíblia certamente tem algumas regras nela. Elas mostram a você como viver melhor. Mas a Bíblia não é principalmente sobre você e o que você deveria estar fazendo. Trata-se de Deus e do que ele fez. Outras pessoas pensam que a Bíblia é um livro de heróis, mostrando as pessoas que você deveria imitar. A Bíblia realmente tem alguns heróis nela, mas... a maioria das pessoas na Bíblia não é herói de maneira alguma. Elas cometem grandes erros (às vezes de propósito), elas ficam com medo e fogem. Às vezes elas são completamente cruéis. *Não, a Bíblia não é um livro de regras ou um livro de heróis.* A Bíblia é, acima de tudo, uma história. É uma história de aventura sobre um jovem Herói que vem de uma terra distante para reconquistar o seu tesouro perdido. É uma história de amor sobre um corajoso príncipe que deixa o seu palá-

cio, seu trono – tudo – para resgatar quem ele ama. É como o mais maravilhoso dos contos de fadas que se tornou realidade na vida real.[5]

Essa é a história que nossos filhos precisam ouvir e, como nós, eles precisam ouvi-la vez após vez.

Você é um Pai Cristão, mas a sua Forma de Criar Filhos é Cristã?

Graça, ou o favor gratuito que foi derramado sobre nós por meio de Cristo, deve tornar a nossa forma de criar filhos radicalmente diferente da dos incrédulos. Isso porque a boa-nova da graça de Deus é destinada a permear e transformar cada relacionamento que temos, incluindo o nosso relacionamento com os nossos filhos. Todos os caminhos típicos que construímos para garantir que as coisas sejam feitas e para levar os outros a fazerem o que ordenamos são simplesmente eliminadas por uma mensagem do evangelho que nos diz que somos todos (pais e filhos) *radicalmente pecaminosos* e *radicalmente amados*. No mais profundo do que fazemos como pais, deveríamos ouvir os batimentos do coração de um Pai amoroso e doador de graça, que gratuitamente adota rebeldes e transforma-os em filhas e filhos amorosos. Se essa não é a mensagem que os seus filhos ouvem de você, se a mensagem que você lhes envia diariamente é sobre ser bom para que você não fique desapontado, então o evangelho também precisa transformar sua forma de criar filhos.

E, agora, de volta à pequena história com a qual abrimos nossa introdução. Você se lembrará de que deixamos o Wesley logo após ele ter gritado, "Eu não posso amar o meu irmão!". A resposta cristã para o grito dele não é a que eu (Elyse) teria dado: "Ah sim, você pode e você vai. A Bíblia diz que você tem que amar, então você pode". Não, a resposta cristã a uma declaração como "Eu não posso amar o meu irmão" é algo mais semelhante a isto:

> Exatamente! Eu estou tão feliz de ouvir você dizer isso, porque me mostra que Deus está trabalhando em você. É verdade que Deus ordena que você ame seu irmão, Wesley, mas você não pode. Essa é a má notícia, mas há outra notícia além dessa. O restante da notícia é tão emocionante! Você não pode amar o seu irmão como Deus está lhe pedindo, assim, você precisa de um Salvador para ajudá-lo. E a grande notícia realmente é que Deus já enviou um! Seu nome é Jesus! Jesus amou você perfeitamente e amou perfeitamente seus irmãos, cumprindo a lei de amar em seu lugar. Se você acreditar nele, ele não punirá você da forma como você estava punindo e batendo em seu irmão. Em vez de puni-lo, ele tomou toda a punição que você merece quando morreu na cruz por você. Ele sabe como você está com raiva. Ele sabe que há momentos em que você é odioso e egoísta com o seu irmão. Mas ele amou você, apesar do seu pecado. E

por isso, Wesley, por causa da maneira como você foi ricamente amado, se você acreditar nele, você crescerá cada vez mais em amor pelo seu irmão. Por causa de Jesus somente, por causa do que ele já fez por você, você pode aprender a amar se você acreditar que ele será amoroso dessa maneira com você. Mas você nunca será capaz de fazer isso por conta própria.

Após compartilhar essas palavras que trazem conforto à alma, Jessica continuou com um tempo de disciplina e oração por Wesley para que Deus lhe concedesse fé para crer que o Salvador que ele precisava o amava, o perdoaria e o ajudaria a amar os outros também.

Ele é o Pai Fiel
Por favor, não me interpretem mal. Nós nem sempre respondemos com graça assim, nem os nossos filhos sempre ouvirão quando o fizermos. Às vezes, eles reviram os olhos; outras vezes eles fingem ouvir, mas não escutam uma palavra que dizemos. Às vezes, temos a certeza de que eles estão pensando "graça, evangelho, blá, blá, blá". Muitas vezes, o que poderia ter sido um momento maravilhoso de graça torna-se nada mais do que disciplina e oração por graça. Às vezes estamos distraídos, ou com pressa, ou desanimados, ou apáticos e não temos o tempo ou a inclinação para dar graça aos nossos filhos. Às vezes nós os ignoramos e desejamos poder ter uma tarde sozinhos. Nós somos exatamente como você.

Embora desejemos ser pais fiéis, nós também descansamos na verdade de que nossa fidelidade não é o que salvará nossas crianças. Dar graça para os nossos filhos não é outra fórmula que garante a salvação ou a obediência deles. A criação de filhos na graça não é outra lei para você dominar, a fim de aperfeiçoar a sua forma de criação ou os seus filhos. Nossos filhos serão salvos *somente* através da fidelidade do Espírito Santo, que trabalha na direção do nosso Pai celestial fiel. Ele é Aquele que é fiel, poderoso e transformador de alma. Sim, ele pode nos usar como meios para cumprir o seu propósito, mas a salvação é *inteiramente* do Senhor (Jn. 2:9).

Se a mensagem do evangelho que apresentamos nessa introdução for algo novo ou estranho para você, por favor, vá até o Apêndice 3, na parte de trás deste livro. Não seria maravilhoso conhecer o tipo de amor sobre o qual estamos falando e ser capaz de descansar na fidelidade de Deus para capacitá-lo a criar bem os seus filhos?

Por fim, quando a palavra *eu* aparecer, é a Elyse falando (salvo quando indicado de outra forma). Jessica e eu colaboramos nesse projeto por anos, e sua perspectiva "pés no chão" foi o que fez deste livro algo mais do que reflexões de uma avó sentada escrevendo prosa em uma casa tranquila e organizada. A nossa oração é que a graça que nos foi dada brote e floresça em uma colheita de crianças alegres repletas da graça, fascinadas com o grande amor de Deus por elas em Cristo.

Relembrando a Graça de Deus

No final de cada capítulo, você encontrará questões que desafiarão o seu pensamento ou ajudarão você a esclarecer princípios importantes. Por favor, tire um tempo para trabalhar com essas questões.

Parte Um

Fundamentos da Graça

Capítulo Um
Do Sinai ao Calvário

A lei de Deus, a doutrina mais salutar [benéfica] da vida, não pode fazer avançar os seres humanos em seu caminho para a justiça, mas sim os impedir.
– Martinho Lutero[1]

A mãe e seus três filhos estavam sentados no chão do colorido quarto de brinquedos. Estava na hora do jogo bíblico. Duas das três crianças adoravam o jogo porque elas geralmente acertavam todas as respostas, mas uma delas, Jordan, o filho do meio, alternava entre ser carrancudo e ficar perturbando.

"Quem quer tirar a primeira carta?", perguntou a mãe.

Duas mãos pularam ao mesmo tempo. "Eu tiro, eu tiro!", ambos disseram juntos.

"Ok, Joshua, você primeiro".

Joshua escolheu uma carta da pilha e leu: "Conte a história de Jonas, em suas próprias palavras e, em seguida, fale sobre o que a história significa para você".

Joshua então começou a falar sobre Jonas ter sido enviado para servir a Deus, mas ter sido desobediente, então, em vez disso, ele foi engolido por uma baleia. Depois de um tempo, a baleia o vomitou no chão (os três rapazes deram uma risadinha), e Jonas obedeceu.

"Bom trabalho, Joshua! Agora, o que essa história nos ensina?", a mãe perguntou.

A mão de Caleb foi a primeira a se levantar. "Significa que devemos obedecer quando Deus nos diz para fazermos alguma coisa, como por exemplo, falar de Deus às pessoas".

"Muito bem, Caleb! Agora, você consegue pensar em maneiras de falar de Deus às pessoas?"

Diferentes respostas vieram de uma vez. "Nós poderíamos assar biscoitos para os nossos vizinhos e convidá-los para irem à igreja!" e "Nós poderíamos nos oferecer para fazermos algumas tarefas para eles também!"

"Sim", disse a mãe. "Exatamente correto. Agora, Jordan, você pode me dizer o que poderia fazer para obedecer a Deus?"

Jordan balbuciou um fraco "Eu não sei".

"Você não consegue pensar em nada?"

Desafiando um pouco mais, Jordan gritou: "Não, e eu não quero"!

"Mas, Jordan, você não quer ser engolido por uma baleia, não é? Deus nos diz para servirmos os nossos vizinhos e lhes contarmos sobre ele. Se você não se comportar, você não vai ganhar nem um biscoito nem a gelatina azul que eu fiz."

Infelizmente, muitos pais cristãos conseguem se identificar com essa pequena história dolorosa. Em um esforço para ensinar a Bíblia aos nossos filhos, frequentemente usamos as histórias na Bíblia como uma maneira de forçar a obediência. Você consegue se imaginar fazendo algo parecido com seus filhos? Eu consigo. Na verdade, foi exatamente a maneira como eu usei a Bíblia quando estava criando os meus. Eu me lembro de uma canção que cantávamos, era mais ou menos assim:

> Eu não quero ser um Jonas
> E ser engolido por uma baleia.
> Então, para Nínive eu irei,
> Pois o Senhor me disse assim,
> E eu vou gritar em alta voz: "Vocês precisam nascer de novo"!

Eu pegava todas as histórias da Bíblia e as transformava naquilo que meus filhos deveriam estar fazendo. Eu pegava todas as histórias sobre graça e misericórdia (como a de Jonas) e as transformava em lei e moral: "É melhor obedecer. Há muitas baleias no mundo"! Assim como o pastor do professor de seminário que vimos na Introdução, eu não dei aos meus filhos a história do evangelho. Eu assumi que eles já a haviam ouvido muitas vezes e tinham acreditado nela. Jesus e a cruz? Isso era notícia velha. A ação mesmo estava na obediência, não na lembrança. O que eu não sabia até então era que *a boa-nova sobre a obediência de Jesus e a morte vergonhosa era o único motivo que concederia aos meus filhos um coração para obedecer*. Então, nós comíamos biscoitos e gelatina azul, cantávamos canções sobre Jonas e nos preocupávamos com baleias.

Neste momento você pode estar se perguntando se o que estamos dizendo é que os pais nunca deveriam dar nenhuma ordem aos seus filhos. Por favor, não nos entenda de forma errada; nós não estamos dizendo isso de maneira alguma. Todo pai fiel *deve* dar aos seus filhos orientação, direção, regras e ordens. O que estamos dizendo é que essas coisas não devem ser o tema principal do nosso ensino. O tema principal deve ser Jesus Cristo e a obra que ele *já realizou*.

Ao longo das próximas páginas, você lerá sobre os diferentes tipos de ordens que pais devem dar aos filhos, juntamente com os tipos de obediência que essas ordens podem produzir. Mas, por ora, por favor, pare por um momento e pergunte a si mesmo qual a porcentagem do seu tempo é gasta em *declarar as regras* e qual a percentagem é gasta em *recitar a história*. É claro que, se os seus filhos forem muito jovens, é certamente compreensível se a maior parte do seu tempo for gasta com as regras. Você não pode ter longas discussões sobre justificação com uma criança de dois anos de idade. Mas, ainda assim, você pode começar a trazer as boas-novas sobre a obra de Jesus, logo que elas forem capazes de entender.

Agora que você já pensou se dá aos seus filhos mais regras ou mais evangelho, você pode recitar a história do Salvador para si mesmo:

> Seu Pai o amou tanto que enviou o seu Filho para salvá-lo do castigo que era devido a você por seus pecados. Estes são os pecados que você cometeu quando

era criança, os pecados que cometeu antes de se tornar um crente e os que você cometeu hoje. Ele viu todo o seu pecado: seu egoísmo, ira, preguiça e orgulho, e ele amou você. Para salvá-lo, seu Filho foi enviado do céu, sua casa, para nascer como um bebê humano, viver uma vida perfeita, sofrer em vergonha e humilhação no Calvário, ressuscitar depois de três dias e, em seguida, ascender para a destra de seu Pai, de onde ele vigia e redime todas as facetas da sua vida, incluindo a sua forma de criar os seus filhos. Ele prometeu usar tudo em sua vida para o seu bem e glória dele. Esse é o tipo de amor atencioso e paternal que ele tem por você. Ele é o pai perfeito, e esse registro de perfeição lhe foi transferido, se você colocou a sua confiança nele. A salvação dos seus filhos não depende de você mais do que a sua própria salvação dependeu. Ele é um pai maravilhoso. Você pode descansar em seus braços eternos – agora.

Uma das razões pelas quais não compartilhamos essa história com nossos filhos é que ela não ressoa profundamente em nossos próprios corações. Como uma mãe de quatro filhos nos disse: "Eu não podia ensinar o evangelho aos meus filhos antes, porque ele não era real para mim e não tinha impacto sobre mim. Embora eu fosse cristã, estava tentando viver de acordo com a lei e esperando que meus filhos vivessem por ela também – ou qualquer coisa parecida. Louvado seja Deus porque, embora eu erre todos os dias com eles, estou aprendendo a direcioná-los para a necessidade que eles têm de Deus e não para a necessidade de fazerem o bem ou de me agradarem".

A discussão que se segue sobre regras e obediência não é, obviamente, tudo o que os pais deveriam dizer a seus filhos. É simplesmente uma introdução às diferentes formas de lei humana e obediência, e uma maneira de diferenciá-las da verdadeira justiça cristã.

Nossa Obediência e as Regras
Obediência Inicial
Todo pai responsável sabe que há certas coisas que devem ser ensinadas às crianças. Para começar, o menor de nossos filhos precisa conhecer, compreender e responder de imediato ao comando *não*, que é o motivo pelo qual geralmente essa é uma das primeiras palavras que eles aprendem a dizer. Eles precisam ser ensinados sobre as palavras *pare* e *vem aqui*, pelas mesmas razões. Essas palavras são tão obviamente importantes que praticamente não precisam ser mencionadas. Quando uma criança começa a correr em direção a uma rua movimentada, a vida dela pode depender de se ela responde à sua voz. Porque todos os pais responsáveis, cristãos ou não-cristãos, ensinam esses conceitos aos seus filhos, os conceitos não têm nada a ver com uma posição justa diante de Deus, mas isso não significa que eles não sejam importantes. Esses são apenas conceitos que os protegerão de danos e os capacitarão a começar a funcionar no seio da família e da sociedade.

Obediência Social
À medida que os pequeninos amadurecem, eles são ensinados a dizer "por favor" e "obrigado". É ensinado a eles aquilo que chamaríamos de "leis sociais" de sua cultura particular. Por exemplo, em algumas culturas, arrotar alto depois de uma refeição é um sinal de gratidão pela boa comida. Na cultura americana, isso é geralmente considerado grosseiro. Essas regras ou leis sobre um comportamento educado são transitórias de uma época para outra e de um lugar para outro. Boas maneiras no Sul dos Estados Unidos diferem significativamente daquelas no Nordeste e Sudoeste. Visto que a Bíblia não nos instrui em boa etiqueta, boas maneiras não são uma questão de justiça cristã, embora isso não signifique que não devamos ensiná-las aos nossos filhos.

Claro que, se foi dito a uma criança para não arrotar à mesa do jantar, mas ela continua a fazê-lo desafiadoramente, a sua desobediência é mais do que apenas uma questão de boas maneiras. Pode ser uma questão de submissão à autoridade, o que transfere essa situação a um nível mais elevado. Se ela estiver deliberadamente sendo desobediente, é pecaminoso.

Nós falaremos disso mais adiante, mas, por ora, o que queremos que você lembre é que as convenções sociais de qualquer cultura em particular não têm relação alguma com a posição de alguém diante de um Deus santo. Ainda que o Joãozinho nunca arrotasse à mesa, isso não significaria que ele tivesse uma posição justa diante de Deus. Pode simplesmente significar que ele tem uma boa digestão, que ele não consegue arrotar quando quer ou que ele, por natureza, gosta de agradar homens e não quer deixar ninguém com raiva dele. O reino de Deus não é uma questão de arrotar ou mastigar de boca aberta. É justiça, paz e alegria no Espírito Santo (Rm. 14:17).

Obediência Cívica
As crianças também devem ser ensinadas a serem cidadãs cumpridoras da lei. Isso significa que elas são instruídas nas leis do país em que vivem e são informadas de que devem obedecê-las. Essa é outra categoria de lei que até secularistas responsáveis ensinam aos seus filhos. Todas as crianças, crentes ou não, devem ser ensinadas a não colar nas provas ou roubar. Elas devem aprender que a mentira tem consequências e que desobedecer aos que exercem autoridade, quer pais, professores ou policiais, é inaceitável.

Wesley precisava aprender que ele não podia bater em qualquer um que entrasse em seu caminho. Essa também não é uma questão de justiça cristã. É simplesmente uma questão de aprender a conviver com outras pessoas em um mundo onde os outros têm a propensão a entrar no seu caminho ou mexer no seu brinquedo. Embora seja verdade que você não deve socar qualquer pessoa que lhe desagrade, também é verdade que um pacifista não regenerado sentirá a ira de Deus da mesma forma que um valentão não regenerado. Claro, é melhor para uma família ou uma sociedade ser pacífica e amorosa em vez de ser violenta e abusiva, mas, no final, diante de Deus, somente a justiça de Cristo será suficiente.

Obediência Religiosa

Obediência religiosa é o que ensinamos às crianças a fazerem como parte de uma vida de fé antes de chegarem à fé. Por exemplo, nós lhes pedimos para esperar antes de começarem a comer, a fim de que possamos agradecer a Deus pela nossa comida. Isso geralmente não é mais do que um exercício religioso para elas. Elas aprendem quando devem se pôr de pé na igreja, quando devem cantar e quando precisam se sentar e ficar em silêncio. Elas aprendem a dar suas pequenas ofertas na escola dominical.

Nós chamamos esse tipo de obediência de "obediência religiosa", porque ela está relacionada às práticas da fé, mas não é necessariamente fruto da fé salvadora. Pode ser o fruto de uma série de coisas, incluindo um desejo de evitar a disciplina ou, pior ainda, o desejo de se sentir bem sobre a sua própria obediência. Claro, ela também pode ser fruto da verdadeira fé, mas *nunca* devemos supor que, porque uma criança fecha os olhos enquanto a família ora, ela seja regenerada. Conformidade exterior a exercícios religiosos não é prova de regeneração. Crianças judias são reverentes durante cultos religiosos, e incrédulos assentam-se em silêncio durante cerimônias de casamento.

Educar os filhos em obediência religiosa não é errado; na verdade, somos ordenados a fazê-lo. É nos dito para lhes ensinarmos a Bíblia, para conversarmos com eles sobre a natureza e as obras de Deus, para orarmos em sua presença e levá-los à adoração (ver Ex 12:26-28; Dt 4:9-10; 6:7-9; Sl 78:4-8; Ef 6:4). Mas dizer às crianças que elas são boas ou que Deus está satisfeito com elas porque fecharam os olhos durante o tempo de oração é perigoso e falso. Então, o que um pai deveria dizer para encorajar o pequeno Benjamin de quatro anos de idade, que sempre incomoda e provoca distrações, quando ele é finalmente capaz de se sentar em silêncio por cinco minutos enquanto a família ora? Você pode dizer algo como isto:

> Benjamin, eu sou grato que o Senhor o ajudou a sentar-se em silêncio esta noite. Eu sei que é difícil para você, porque você é tão inquieto e não entende o que estamos fazendo. Mas, em noites como esta, quando você é capaz de se assentar calmamente, é porque Deus está ajudando você a aprender e a obedecer. Algum dia você saberá o quão maravilhoso ele é e o quanto ele o ama, quer você se inquiete ou não. Então você desejará falar com ele também. Mas, por esta noite, eu só quero que você saiba que o fato de você ter sentado quieto me ajuda a saber que ele está trabalhando em seu coração. Agora, para onde toda essa inquietação foi?

Por outro lado, você pode estar se perguntando o que dizer quando o pequeno Benjamin perturba, inquieta-se e fala durante todo o tempo de oração. Você pode dizer:

> Você sabe por que nós gostamos de orar, Benjamin? Nós amamos orar porque nossos corações eram iguais

ao seu. Nós nunca queríamos passar cinco minutos do nosso tempo falando com Deus. Tudo o que queríamos fazer era nos divertir, e falar com Deus não parecia divertido. Mas então Deus mudou os nossos corações para que pudéssemos ver o quão maravilhoso ele é. Ele nos mostrou que ainda que nós não o amássemos ou gostássemos de falar com ele, ele nos amava de qualquer maneira. E quando você descobre o quanto alguém foi tão amável com você e o quão surpreendente é o seu amor por você, isso faz você querer falar com ele. Honestamente, ainda há momentos em que eu não quero sentar e conversar com Deus, mas, mesmo nesses momentos, ele me ama da mesma maneira como nos momentos em que eu amo falar com ele. Mas você sabe o que é mais importante do que ficar quieto durante a oração? Ter um Deus que ama você, não importa o que aconteça – isso é mais importante. Entender como o seu coração seria endurecido e desobediente o tempo todo sem a ajuda dele é mais importante. E pedir a Jesus que mude o seu coração para que você possa amá-lo e para que ele perdoe você por não amá-lo é a coisa mais importante de todas.

Agora, Benjamin, nós falamos com você anteriormente sobre interromper a oração em família. Eu entendo que o seu coração não é atraído para Deus durante a oração ainda. Fico contente por você não estar fingindo orar conosco, porque seria mentira. Estou orando para que Deus mude o seu coração, a fim de que você queira orar com a família. Mas até que isso aconteça, estamos exigindo que você se sente em silêncio durante o tempo de oração. Você se tornou uma distração para aqueles de nós que querem orar, então eu estou lembrando a você que sua distração contínua resultará em disciplina. [Falaremos mais sobre disciplina no capítulo 6.]

Há uma diferença marcante entre esse tipo de criação graciosa e a criação moralista que eu dei quando estava criando meus filhos. Eu lhes dizia alternadamente que eles eram bons quando se assentavam silenciosamente ou lhes dizia que eles tinham que fechar os olhos e orar ou ser disciplinados quando agissem mal. Minha forma de criar meus filhos tinha muito pouco a ver com o evangelho. Eu assumi que meus filhos tinham corações regenerados, porque eles haviam feito uma oração em algum momento e porque eu exigia obediência religiosa deles. Isso resultou em crianças que eram alternadamente hipócritas e rebeldes. Isso os ensinou a simular a oração, sem levá-los a ansiar pelo Salvador que amou hipócritas e rebeldes.

Obediência religiosa é provavelmente a forma mais difícil e perigosa de obediência, simplesmente porque é tão facilmente confundida com conformidade à lei de Deus. É o ponto em que a maioria das famílias cristãs toma rumos terrivelmente errados. Sim, somos ordenados a ensinar a Palavra, oração e adoração aos nossos filhos, mas a adesão deles a essas coisas não os salvará. Somente a vida justa, morte e ressurreição de Jesus Cristo os salvará.

A título de lembrança, nós mostramos quatro níveis de regras e obediência correspondente: instrução básica em ouvir e obedecer; regras ou boas maneiras sociais; regras cívicas e submissão à autoridade humana; e, finalmente, a formação religiosa. Nenhum desses níveis de obediência é meritório. Ou seja, nenhum deles pode *ganhar* a aprovação de Deus. Na verdade, cada uma dessas diferentes formas de obediência pode realmente cegar uma criança obediente para a necessidade que ela tem de um Salvador. Mas é aí que a lei de Deus entra.

A Lei de Deus é Bela, Santa, Boa – e nos Quebra

O apóstolo Paulo, um rabi judeu que tinha extenso respeito e familiaridade com a lei de Deus (At. 22:3), teve alguns pensamentos muito chocantes a respeito dela uma vez que veio à fé em Cristo. Embora sinceramente concordasse que ela era "santa, e justa, e boa" (Rm. 7:12), e soubesse da bela natureza da lei de Deus, ele também sabia que a lei nunca poderia trazer os pecadores à vida, porque *ninguém* poderia obedecê-la. Ele confessou que toda a sua obediência (e foi extensa) não tinha mais valor do que uma pilha de esterco (Fp. 3:8). Ele escreveu:

> Ninguém será justificado diante dele por obras da lei.
> (Rm. 3:20)

Que se conclui? Temos nós [judeus, que temos a lei escrita] qualquer vantagem [sobre os gentios que não têm]? Não, de forma nenhuma; pois já temos demonstrado que todos, tanto judeus como gregos, estão debaixo do pecado; como está escrito: Não há justo, nem um sequer, não há quem entenda, não há quem busque a Deus. (Rm. 3:9-11)

Todos [judeus e gentios] pecaram e carecem da glória de Deus. (Rm. 3:23)

E o mandamento que me fora para vida ["se guardares o mandamento que hoje te ordeno... então, viverás", Dt. 30:16], verifiquei que este mesmo se me tornou para morte [porque embora Paulo tentasse, ele não conseguia obedecê-lo]. (Rm. 7:10)

Todos quantos, pois, são das obras da lei estão debaixo de maldição; porque está escrito: Maldito todo aquele que não permanece em *todas* as coisas escritas no Livro da lei, para praticá-las. E é evidente que, pela lei, ninguém é justificado diante de Deus [porque a nossa desobediência fundamental nos traz para debaixo da maldição de Deus, ao invés de nos trazer para debaixo de sua bênção]. (Gl. 3:10-11)

[A lei é um]... ministério da morte, gravado com letras em pedras. (2Co. 3:7)

> De Cristo vos desligastes, vós que procurais justificar-vos na lei. (Gl. 5:4)

Essas palavras sobre a lei de Deus e nossa condição de iniquidade deveriam nos fazer parar e questionar seriamente sobre como usamos a lei em nossas próprias vidas e nas vidas de nossos filhos. Quando buscamos ter uma posição justa (justificação) diante de um Deus santo através do cumprimento da lei, somos *desligados, cortados, separados* da graça e justiça oferecidas por Jesus Cristo. Estamos por nossa conta. Nós estamos caindo como pecadores nas mãos de um Deus terrivelmente santo e todo-poderoso. Quando ensinamos nossos filhos a fazerem a mesma coisa, estamos afogando-os em um "ministério da morte". Por que morte? Porque esse é o resultado inevitável quando os pecadores ignoram Jesus Cristo e buscam a santidade por conta própria.

Isso é coisa séria. Não é de se admirar, então, que o grande reformador Martinho Lutero tenha escrito: "A lei de Deus, a doutrina mais salutar [benéfica] da vida, não pode fazer avançar os seres humanos em seu caminho para a justiça, mas sim os impedir".[3] A lei de Deus, embora benéfica e bela, *não pode* nos fazer avançar em nosso caminho para a justiça, porque *não podemos obedecê-la*. Embora a lei exija perfeição em apenas duas áreas, nenhum de nós (releia as passagens acima, caso você precise), não, *nenhum de nós* está em total conformidade. Quais são essas duas áreas? Jesus as dispôs para nós em Mateus 22:36-40:

"Mestre, qual é o grande mandamento na Lei? Respondeu-lhe Jesus: Amarás o Senhor, teu Deus, de todo o teu coração, de toda a tua alma e de todo o teu entendimento. Este é o grande e primeiro mandamento. O segundo, semelhante a este, é: Amarás o teu próximo como a ti mesmo. Destes dois mandamentos dependem toda a Lei e os Profetas."

Amor consistente, autêntico e puro por Deus, e amor consistente, autêntico e puro pelos outros é a soma de toda a lei que Deus nos deu, tanto no Antigo como no Novo Testamento. Claro, o problema é que nós nunca obedecemos a esses mandamentos simples. Nós sempre amamos a nós mesmos mais do que a Deus ou aos outros. Estamos sempre erguendo ídolos em nossos corações e adorando-os e servindo-os. Estamos sempre mais focados no que queremos e em como podemos obtê-lo do que em amar a Deus e dispor nossa vida para os outros. A lei nos mostra, de fato, a maneira correta de se viver, mas nenhum de nós a obedece. Nem por um milésimo de segundo.

Mesmo que os nossos filhos não possam, e não irão, obedecer à lei de Deus, precisamos ensiná-la vez após vez. E quando eles nos disserem que não podem amar a Deus ou os outros dessa forma, não devemos argumentar com eles. Devemos concordar com eles e lhes dizer sobre a necessidade que eles têm de um Salvador.

A lei de Deus também impede o nosso avanço em direção à justiça, porque, em nosso orgulho, nós pensamos que, se simplesmente nos esforçarmos o suficiente ou nos arrependermos profundamente, seremos capazes de obedecê-la. Nós lemos as promessas de vida por meio da obediência e achamos que isso significa que conseguiremos fazê-lo. As promessas de vida por meio da obediência não são destinadas a construir a nossa autoconfiança. Elas têm o objetivo de nos fazer ansiar pela obediência e, então, quando falhamos *novamente*, elas se destinam a nos quebrar e a nos conduzir para Cristo.

Além disso, a lei nos derrota por despertar o pecado que reside dentro de nós. Como Paulo disse: "Não teria eu conhecido a cobiça, se a lei não dissera: Não cobiçarás. Mas o pecado, tomando ocasião pelo mandamento, despertou em mim toda sorte de concupiscência" (Rm. 7:7-8). Em outras palavras, a própria lei que foi feita para trazer vida desperta um desejo pelo pecado e nos mata. Mais uma vez, isso não significa que nós não ensinaremos a lei de Deus aos nossos filhos. Somos ordenados a fazê-lo, *mas não a fim de torná-los bons*. Somos ordenados a lhes dar a lei, a fim de que eles sejam quebrados por ela e vejam a necessidade que têm de um Salvador. A lei não os fará bons. *Ela os deixará em aflição por nunca serem bons o suficiente e, dessa forma, ela os tornará abertos ao amor, sacrifício e acolhimento de seu Salvador, Jesus Cristo.*

Sim, dê-lhes a lei de Deus. Ensine-a para eles e diga-lhes que Deus nos manda obedecer. Mas antes de terminar, dê-lhes graça e explique novamente a bela história do perfeito cumprimento da lei por Cristo. Jesus Cristo foi o único que alguma vez mereceu ouvir: "Você é bom", mas ele renunciou ao seu relacionamento correto com a lei e seu Pai e sofreu como um transgressor da lei. Essa é a mensagem que todos nós precisamos ouvir e é a única mensagem que transformará nossos corações.

O Evangelho ou Lei

Tudo o que não é evangelho é lei. Deixe-nos dizer outra vez: *tudo o que não é evangelho é lei*. Cada maneira pela qual tentamos tornar nossos filhos bons, que não esteja enraizada nas boas-novas da vida, morte, ressurreição e ascensão de Jesus Cristo, é lei que condena, quebra, gera aflição e produz fariseus. Nós não conseguiremos os resultados que queremos da lei. Nós conseguiremos justiça própria superficial, ou rebelião ardente, ou ambas (frequentemente da mesma criança no mesmo dia!). Conseguiremos crianças moralistas frias e hipócritas que desprezam os outros (e poderiam facilmente tornar-se mórmons) ou adolescentes rebeldes e autoindulgentes que não podem esperar para sair de casa. Temos que nos lembrar que na vida de nossos filhos não regenerados, a lei é dada por uma única razão: quebrar a autoconfiança deles e conduzi-los a Cristo.

A lei também mostra aos filhos crentes como é a gratidão engendrada no evangelho. Mas uma coisa é certa: não devemos dar a lei aos nossos filhos para torná-los bons. Ela não tornará, porque não pode. Em nossos corações, sabemos que isso é verdade, porque a lei também não nos tornou bons, não é mesmo?

Você se lembra daquele joguinho que descrevemos no início do capítulo? A ideia é do MormonChic.com, um website feito por mórmons para mórmons. Se um mórmon pode jogar o jogo exatamente da mesma maneira que você, então não é um jogo cristão.[4] É um jogo de moralidade, e nós não somos moralistas; somos cristãos. Se um mórmon pode criar filhos da mesma maneira que você, sua forma de criar filhos não é cristã.

Agora, como esse jogo teria sido diferente se nos lembrássemos de que cada história fala sobre a graça de Deus através de Jesus Cristo e do evangelho? Após Joshua recitar os fatos crus da história, a mãe teria extraído o real significado dela. A história de Jonas não fala sobre aprender a ser obediente ou então enfrentar as consequências. A história de Jonas fala sobre como Deus é misericordioso tanto para o fariseu não amoroso e religiosamente hipócrita (Jonas) quanto para os pagãos violentos irreligiosos. A história fala sobre a capacidade de Deus de salvar almas e nos usar, mesmo quando desobedecemos. É uma história sobre a misericórdia de Deus, não sobre a nossa obediência. Veja como a conversa seria diferente se estivéssemos dando evangelho em vez de lei:

> "Bom trabalho, Joshua! Agora, o que essa história nos ensina?", a mãe perguntou.
> A mão de Caleb foi a primeira a se levantar. "Significa que devemos obedecer quando Deus nos diz para fazermos alguma coisa, como por exemplo, falar de Deus às pessoas".

"Sim, Caleb, nós devemos obedecer a Deus, mas essa não é a mensagem principal da história. Vocês conseguem pensar em alguma outra mensagem?"

Jordan saltou. "Muitas vezes as pessoas não querem obedecer a Deus".

"Certo, Jordan! Exatamente correto. Eu sei que é difícil para eu obedecer. Eu sou exatamente como Jonas".

"Vocês conseguem pensar em outras mensagens? Não? Então me deixem ajudá-los. Essa história é uma mensagem sobre como Deus é amável e misericordioso. Ele foi amável com as pessoas más de Nínive, porque ele não as destruiu, mesmo que elas merecessem. Ele foi amável com elas, fazendo-as crer na mensagem que Jonas lhes disse. Mas ele também foi amável com Jonas. Mesmo que Jonas não amasse seus próximos (o povo de Nínive), Deus não deixou que ele morresse na barriga de um grande peixe, apesar de ser o que ele merecia. Em vez disso, ele lhe deu outra chance e continuou a lhe dar chances, mesmo que Jonas realmente não amasse a Deus ou sua natureza misericordiosa. Deus nos dá muitas oportunidades para obedecê-lo, porque ele nos ama e é muito misericordioso. Deus nos mostra como ele nos ama, porque seu amado Filho Jesus passou três dias em um lugar muito escuro, exatamente como Jonas. Ele passou três dias em um túmulo após morrer pelos nossos pecados. Mas então ele ressuscitou dos mortos para que pudéssemos ser bons aos olhos de Deus e contar a outras pessoas sobre o quão amoroso ele é. Vocês conseguem pensar em algumas coisas que podemos fazer para que outras pessoas saibam do amor de Deus?"

Diferentes respostas vieram de uma vez. "Nós poderíamos assar biscoitos para os nossos vizinhos e convidá-los para irem à igreja!" e "Nós poderíamos nos oferecer para fazermos algumas tarefas para eles também!"

"Certo! Agora vamos celebrar a misericórdia de Deus e fazer uma festa com alguns biscoitos e a gelatina azul que eu fiz".[5]

Relembrando a Graça de Deus

Por favor, não ignore o que o Espírito Santo possa estar fazendo em seu coração ao longo deste capítulo. Por favor, reserve um tempo para pensar profundamente sobre o assunto e responder às seguintes perguntas.

1) De que forma você usa a Bíblia? Como um livro de regras ou como um livro de "boas-novas"?
2) O seu amor pelo evangelho muda a sua maneira de criar filhos? Se não, como poderia mudar?
3) Quais são as quatro categorias de obediência descritas neste capítulo? Você alguma vez usou essas diferentes categorias para fazer seus filhos pensarem que poderiam merecer o favor de Deus?

4) Por que é importante para pais e filhos aprenderem o lugar apropriado da lei?
5) Como uma visão integral da graça muda a nossa maneira de ensinar a lei?
6) Resuma o que você aprendeu neste capítulo em três ou quatro frases.

Capítulo Dois
Como Criar Bons Filhos

> *A fé é o cumprimento total da lei, e preencherá aquelas que creem com tanta justiça que eles não precisarão de nada mais para a justificação.*
> – Martinho Lutero[1]

Em direção ao nada e ao vácuo do vazio sem forma, a Palavra Criadora falou. "Haja luz!", e luz irrompeu. Cores como as do arco-íris dançaram para dentro do universo. Prismas cintilantes de luz vivente espalharam esplendor pelo ar. O Pai, o Filho e o Espírito se alegraram no que viram. A Palavra Criadora sorriu. E declarou: "Isso é bom!"[2]

Dia após dia, a profundidade e a complexidade de sua obra multiplicavam-se à medida em que Deus preenchia o vazio com glória. Luz e trevas, céu e terra, mares e continentes, plantas e árvores, estrelas e luas – todos amados, tudo belo, tudo bom. Peixes e aves aglomeravam-se e reuniam-se em bandos. Águias e papagaios, grandes criaturas do mar e minúsculos crustáceos adentravam o gozo de Deus em si mesmo e na sua criação. Foi um hino estrondoso e harmonioso em celebração à vida, sabedoria, poder e bondade. Animais domésticos, rastejantes e selváticos vieram à vida ao som de sua voz. "Isso é bom! Vivam! Sejam fecundos! Multipliquem-se! Alegrem-se!" Em puro êxtase, eles correram para atender ao seu comando, cada um cantando com sua voz singular.

Então, finalmente, no sexto dia tudo estava pronto. A bela nova casa de Deus estava decorada e repleta de esplendor, provisão e bondade. A grande festa estava prestes a começar, e era hora de os convidados de honra chegarem. Ele tomou em suas mãos um pouco da terra que havia feito. Deu forma a ela com cuidado e soprou-lhe o seu "fôlego de vida".

Ele falou a ela: "Espelhe-me! Você é a minha imagem. Você, acima de tudo o que eu criei, mostrará a minha bondade".

Adão (e depois Eva) inspiraram e, muito provavelmente, a primeira coisa que viram foi a Palavra viva. Ela sorriu para os seus filhos. "Eu os criei para serem como eu, e assim vocês são. Vocês amarão e desejarão o bem, porque eu sou bom e os fiz bons. Esta terra é sua. Guardem-na, cuidem dela, encham-na com milhões de pessoas que são boas como eu. Agora cantem comigo e alegrem-se, pois eu os fiz para me conhecerem e me amarem. Vocês são bem-aventurados acima de tudo o que criei".

Então, Deus olhou para a sua criação. Como um nobre anfitrião em uma recepção há muito esperada, ele ponderou tudo o que havia feito. Ele declarou: "Isso é muito bom!" À sua palavra, corais na terra e nos céus encheram a terra com a majestosa melodia, harmonia e ritmo. As estrelas da manhã cantaram, as árvores dos campos bateram palmas, as montanhas se curvaram em adoração. "O Senhor é bom e ele nos fez bons! Viva o nosso bom Deus! Viva a sua boa criação!"

O Fim da Nossa Bondade – por Agora

Então, subitamente, creu-se na mentira, a bondade foi posta em dúvida, e tudo foi perdido. Em vez de celebrar a bondade que havia sido dada, tudo o que existe foi submetido à vaidade, escravidão, decadência e ao implacável gemido doloroso (Rm. 8:20, 22). Miséria, desconfiança, doença, falta de rumo e desamparo do coração substituíram a música majestosa e a celebração. A luz se transformou em sombras. A morte preencheu a bela casa de Deus, de modo que já não era totalmente boa. Ela havia caído; o mal infectou tudo o que ele havia feito. No lugar da bênção e aprovação do Senhor, a ira e a maldição reinariam.

Banidos de sua casa, os espelhos que antes refletiam a imagem de Deus foram quebrados e tornaram-se estranhos, isolados uns dos outros e de seu Deus. A busca desesperada por recuperar a bondade havia começado. Seus esforços inúteis e angustiantes pela bondade suplantariam a bênção jubilosa: "Vocês são bons!" Então, no desespero de ouvir isso mais uma vez, eles procuraram maneiras de concedê-la a si mesmos. Em inveja furiosa, o filho primogênito mataria seu irmão mais novo, porque ele não obteve a benção, enquanto o seu irmão sim. *A oferta de Abel é boa e a minha é má? Tudo bem, eu simplesmente o matarei já que você acha que ele é tão formidável!*

Isso não é meramente história antiga. O apóstolo João nos adverte hoje: "Não segundo Caim, que era do Maligno e assassinou a seu irmão; e por que o assassinou? *Porque as suas obras eram más, e as de seu irmão, justas*" (1Jo. 3:12). Caim idolatrava a aprovação de Deus e, em inveja furiosa, escolheu o assassinato como forma de lidar com aquele que a havia obtido. Seus descendentes criariam nomes pejorativos para aqueles que trabalhavam arduamente para ouvir a aprovação de Deus: "santo do pau oco", "puritanozinho", "santarrão". Seus descendentes competiriam com eles ou os matariam em seus corações (Mt. 5:21), para silenciarem a voz da culpa que lhes incomodava.

Em um esforço para provar que não mais precisavam da ajuda de Deus para serem bons, os homens de Babel levantaram-se a fim de construírem uma torre para sua própria honra e outorgaram a si mesmos a bênção. "Uau! Vejam isso!", disseram. "Nós somos formidáveis! Nós somos bons!" Em vez de lhes dizer que seus esforços foram uma boa tentativa, Deus os amaldiçoou com a confusão da fala, e eles foram dispersos também. Essa é a nossa história, o legado de cada pessoa que alguma vez respirou fundo e tentou provar realmente ser boa. Cada pessoa, exceto uma.

Como Deus responderia a tal impiedade? Na justiça justa, ele poderia ter nos varrido da face da terra ou simplesmente nos deixado degenerar de volta ao pó do qual ele nos criou. Mas ele não o fez. Em vez disso, ele enviou a bondade de volta ao seu mundo. A bondade nasceu como um bebê em Belém, e nós fizemos o que sempre fazemos com a bondade: tentamos trucidá-la. Então, ela irrompeu na paisagem da Judéia e, enquanto restabelecia a nossa justiça no rio Jordão, a terra mais uma vez ouviu a bênção bem-aventurada.

> [Jesus disse]... "nos convém cumprir toda a justiça"... Batizado Jesus, saiu logo da água, e eis que se lhe abriram os céus, e viu o Espírito de Deus descendo como pomba, vindo sobre ele. E eis uma voz dos céus, que dizia: *Este é o meu Filho amado, em quem me comprazo* (Mt. 3:15-17).

Jesus veio para cumprir toda a bondade e justiça. Onde nós havíamos falhado, ele obteria sucesso. Ele seria circuncidado por nós, batizado por nós. Ele responderia a questionamentos injustos de seus pais a respeito de sua bondade com justiça e verdade. Ele amaria seu Pai e seu próximo perfeitamente, e então ele seria despojado de toda a recompensa merecida por sua bondade. Ele seria chamado de blasfemador endemoninhado. Ele seria ferido por dizer que era Deus. Ele não ouviria "Bom trabalho"! Ele ouviria o silêncio ensurdecedor. Ele receberia a maldição do abandono de Deus. E, como Caim antes de nós, o mataríamos em nome da bondade para livrarmos nosso mundo de tal audácia.

Mas Jesus não idolatraria a aprovação de Deus; ao invés disso, ele adoraria a Deus e nos amaria. Ele era a bondade personificada. Então, para vindicá-lo e provar que a bênção de Deus repousava sobre ele, Deus o ressuscitaria dentre os mortos. Em uma demonstração escandalosa do amor de bondade do Pai e de seu amor por nós, ele transferiria toda a bondade de Jesus para nós – se acreditássemos que ele é, de tal maneira, sábio, amoroso e bom.

Minta ao Seu Filho para Torná-lo Bom

Muito do que nos é aconselhado a fazer como pais é para que os nossos filhos se sintam bem consigo mesmos. Este conselho tem raízes no movimento da autoestima, que alegou que o sucesso na vida de uma criança está baseado na possibilidade de sentir--se boa ou não. Embora o movimento da autoestima moderna tenha começado na década de 1950 e 1960, essa não era uma mentira original. Ela tem estado por aí há milhares de anos. É a mesma fraude em que Eva acreditou no início. *Hum, ela pensou; esta fruta parece ser boa e me fará bem. Eu acho que nós a comeremos no jantar de hoje à noite.* Desde a queda da raça humana, estamos alternadamente nos dizendo que somos bons, que se nos esforçarmos bastante seremos bons o suficiente, ou que ser bom é uma impossibilidade, por isso, devemos simplesmente desistir e nos divertir. Afinal de contas, ninguém é perfeito!

À luz de tudo isso, o que nós, pais, devemos fazer? Se você crê na Bíblia, temos a certeza de que você percebe que nem nós nem os nossos filhos são verdadeiramente bons. "Boa menina!", "Bom trabalho!", "Você é uma linda princesa!" – esses são os refrãos incessantes quando os pais procuram criar a sua própria versão de filhos bons e de sucesso. Mas, quando todos os outros pais no grupo passam o dia dizendo à pequena Rebeca o quão boa ela é, como os pais cristãos devem responder? Ao invés de dizer a Rebeca que ela é uma boa menina, poderíamos dizer, "Eu notei que você compartilhou o brinquedo hoje. Sabe o que isso me lembra? Como Cristo compartilhou sua vida conosco. Eu sou muito grato pelo trabalho de Deus em sua vida dessa maneira. Sei que nenhum de nós jamais faria qualquer coisa amável se Deus não estivesse nos ajudando. Estou muito grato".

Caso você esteja se perguntando se a Bíblia dá um exemplo deste tipo de incentivo, aqui está o relato de Lucas a respeito do que aconteceu quando Barnabé viu a graça de Deus trabalhando no povo de Antioquia: "E enviaram Barnabé até Antioquia. Tendo ele chegado e, vendo a graça de Deus, alegrou-se e exortava a todos a que, com firmeza de coração, permanecessem no Senhor" (At. 11:22-23). Barnabé viu a graça de Deus trabalhando nas vidas das pessoas, por isso exortou-as a permanecerem fiéis. Nós também podemos ver a graça de Deus agindo em nossos filhos e podemos exortá-los a permanecerem fiéis.

Digamos que a Rebeca tenha o hábito de ser egoísta, então, antes de a mamãe levá-la para brincar com o seu coleguinha, elas gastam algum tempo orando juntas. A mãe poderia simplesmente agradecer a Deus por compartilhar tantas coisas boas – tais como amigos, luz do sol, momentos para brincar – com a Rebeca e, em seguida, pedir a Deus para ajudá-la a lembrar-se de sua generosidade quando os outros quiserem o que ela está usando. Então, se a mãe percebe a sua generosidade, ela pode dizer: "Rebeca, você está compartilhando! Não é maravilhoso ver como Deus respondeu a nossa oração? Viu, Rebeca, mesmo que todos nós odiemos compartilhar, Deus é mais poderoso do que o nosso egoísmo. Ele não é bom?".

Por não sabermos se a Rebeca é regenerada, nós não a agradeceremos por obedecer à lei de Deus. Se ela não for salva, ela não tem o Espírito Santo em si e não pode escolher responder a Deus ou obedecer à sua lei de coração. O único encorajamento que sempre podemos dar aos nossos filhos (e uns aos outros) é que Deus é mais poderoso do que o nosso pecado, e ele é forte o suficiente para nos fazer querer realizar a coisa certa. Nós podemos assegurar-lhes que a ajuda de Deus pode alcançar todos, até mesmo eles. Nosso encorajamento deveria sempre estimular o louvor à graça de Deus em vez de à nossa bondade.

Por outro lado, se persistirmos na busca de construir a autoestima dos nossos filhos elogiando-os, nós os faremos à nossa própria imagem, meninos e meninas que *idolatram a bênção*, adultos escravizados à opinião dos outros, e pais que passam a mentira para a próxima geração – ainda que ela não tenha funcionado para torná-los bons também. Como nós, nossos filhos anseiam a bênção bem-aventurada: "Você é bom!" Mas a Bíblia diz que, porque não somos bons, essas palavras não se aplicam mais a nós. Nós não somos bons. Veja como a Bíblia descreve a nossa situação: "Viu o SENHOR que a maldade do homem se havia multiplicado na terra e que era *continuamente mau todo desígnio do seu coração*" (Gn. 6:5).

Ansiamos por ouvir: "Você é bom!", mas apenas Jesus Cristo e os revestidos de sua bondade merecem ouvir isso. E, se realmente abraçarmos essa verdade, a forma de criarmos nossos filhos será transformada de engano desejoso à graça poderosa. Isso fará com que a nossa criação de filhos seja cristã. Nossos filhos não são naturalmente bons, e não deveríamos lhes dizer que eles são. Mas eles são amados e, se eles realmente acreditarem nisso, o amor de Deus os transformará.

Obediência Humana e Justiça Cristã
No capítulo anterior discutimos quatro níveis de lei humana e os tipos resultantes de obediência que podemos esperar de nossos filhos. Nós falamos sobre as leis e obediências iniciais, sociais, cívicas e religiosas. Esses quatro níveis são o que chamamos de "obediência humana".

Diagrama 2.1: Obediência Humana

Obediência Inicial: aprendendo a obedecer às vozes do papai e da mamãe
Obediência Social: aprendendo os códigos sociais da sociedade
Obediência Cívica: aprendendo a obedecer às leis da sociedade
Obediência Religiosa: aprendendo as práticas religiosas da família e da igreja

Como você pode ver, o que estamos chamando de "obediência humana" é o tipo de obediência que é geralmente boa para a nossa família e sociedade. Obediência humana abrange toda a amplitude da bondade humana. Esta obediência ou a bondade exterior é alcançável por qualquer pessoa, salva ou não salva, por causa da graça comum de Deus.[3] De certa forma, a sociedade é certamente melhor se as pessoas observarem as leis sociais, cívicas e religiosas, se as pessoas tentarem ser boas umas com as outras. É mais vantajoso viver em uma terra de paz e liberdade do que de luta e escravidão (Ti. 3:1-2). Respeito, cortesia e obediência cívica são bênçãos do Senhor, que outorga suas bênçãos sobre os justos e os injustos (Mt. 5:45). Mas se a nossa obediência humana ou moralista não for motivada por gratidão à graça de Deus, ela é muito perigosa. Se ela não for enraizada na gratidão pelo amor de Deus por nós em Cristo, a moralidade é mais letal para a alma do que a imoralidade. Por quê? Lembre-se de que Jesus disse que são aqueles que estão perdidos, os quais sabem que precisam de um médico, que ele veio salvar (Lc. 19:10). Aqueles que se sobressaem no tipo de obediência listada acima podem não enxergar a necessidade de um Salvador; seus corações podem estar endurecidos e apáticos à graça de Deus. Lembre-se de que foi a mulher que sabia que havia sido perdoada por seus muitos pecados que muito amou Jesus (Lc. 7:47). O perdão por ofensas profundas gera amor profundo. Perdão por deslizes perceptíveis e razoáveis gera desdém apático. Uma sociedade repleta de imoralidade não será um lugar agradável para se viver, mas uma sociedade repleta de moralidade autocongratuladora será satânica e resistente à graça. Ela será gentil, organizada, porém morta e sem amor. E estará apenas a um passo do assassinato. Lembre-se de que foram os líderes religiosos, e não as prostitutas, que exigiram a execução de Cristo.

Ensinar nossos filhos a serem bem-comportados e bons cidadãos é adequado, se considerarmos as limitações disso. Mas nunca devemos confundir esse tipo de educação com a criação ou disciplina cristã, nem com a adesão deles aos nossos costumes sociais como verdadeira justiça cristã. Só para ter certeza de que você entende o que queremos dizer quando usamos a expressão "justiça cristã", deixe-nos defini-la aqui para você: *justiça cristã é aquele* nível de bondade que pode suportar o escrutínio de um Deus perfeitamente santo e *ganhar a bênção: "Você é bom!"*. É a perfeita obediência tanto na conformidade exterior quanto no desejo interior. É a bondade em prol da grande glória de Deus, motivada por um amor puro e zeloso para com Deus e o próximo. É a ação certa no momento certo pela razão certa. Um testemunho desse tipo de bondade nunca pode ser conquistado; ele só pode ser concedido pela graça por meio da fé.

A Bondade Outorgada

Justiça cristã difere dos tipos de obediência que estamos acostumados a ensinar aos nossos filhos. É uma bondade que nos foi dada por Deus, a partir de sua enorme generosidade e misericórdia, e repousa completamente sobre a obediência e sacrifício de Jesus Cristo. Os cristãos têm ensinado seus filhos sobre essa justiça cristã durante séculos. Alguns têm ensinado seus filhos sobre o assunto por meio de perguntas e respostas de questões-chave. Aqui está uma dessas perguntas e respostas sobre a justiça cristã:

> P. Como você é justificado perante Deus?
> R. Somente por meio da verdadeira fé em Jesus Cristo. Ainda que a minha consciência me acuse de ter pecado gravemente contra todos os mandamentos de

Deus e de nunca ter mantido nenhum deles, e mesmo que eu ainda esteja inclinado para todo o mal, no entanto, sem eu merecer de maneira alguma, por pura graça, Deus concede e credita a mim a perfeita satisfação, justiça e santidade de Cristo, como se eu nunca tivesse pecado ou sido um pecador, como se eu tivesse sido tão perfeitamente obediente como Cristo foi obediente por mim. Tudo o que eu preciso fazer é aceitar esse dom de Deus com um coração que crê.[4]

A justiça cristã é diferente da obediência humana, pois é concedida a nós pela graça de Deus, não por causa de nossas obras ou mérito dos nossos filhos. Não é algo que podemos merecer, mas é um dom que nos é dado, apesar de continuarmos a pecar terrivelmente. A justiça que nos é dada é o próprio testemunho da justiça de Jesus Cristo. Quando temos a justiça cristã, Deus olha para nós e nossos filhos crentes como sendo perfeitamente obedientes, não importa como nós falhamos. Deus não sorri para nós um dia e franze a testa quando estragamos tudo no dia seguinte. Quando é dado aos nossos filhos o dom da justiça cristã, Deus está *sempre* sorrindo para eles, porque ele os vê em seu Filho.

A forma como nós recebemos essa justiça é crendo que Deus é bom o suficiente para dá-la a nós e dizendo-lhe que a queremos mais do que desejamos a nossa bondade autogerada. O diagrama abaixo ajudará você a entender as diferenças entre a obediência humana e a justiça cristã que é passiva (ou seja, Deus faz por nós).

Diagrama 2.2: Obediência Humana e Justiça Passiva

Obediência Humana	Justiça Passiva
Acessível a todos que trabalham	Acessível apenas àqueles que creem
Conformidade externa a regras e lei	Testemunho da obediência de Cristo é outorgada a todos que creem
Renovada por esforço próprio e resoluções	Iniciada e renovada pelo Espírito Santo
Temporária e flutuante	Eterna e estável
Imperfeita e incompleta	Perfeita e completa
Escravidão torturante das obras	Obediência grata da fé
Produz medo e insegurança	Produz paz e confiança piedosa
Resulta em orgulho e desespero	Resulta em descanso e alegria

Essa justiça cristã é algumas vezes chamada de "justificação". *Justificação* é uma palavra que significa simplesmente que a nossa ficha está limpa "como se nunca tivéssemos pecado" e também "como se sempre tivéssemos obedecido". Uma criança ou adulto justificado tem o registro de obediência perfeita aos olhos de Deus, porque a obediência do Filho perfeito foi transferida a ele pela fé. Cristãos justificados são perfeitamente perdoados e perfeitamente justos. Quando Deus olha para o crente justificado, pai ou filho, ele não nos vê somente como perdoados (o que é uma ótima notícia), mas também como obedientes e justos (o que deve nos surpreender e maravilhar). Se a justiça cristã ou *justificação* for algo novo para você, aqui estão alguns versículos que a revelam:

> Concluímos, pois, que o homem é justificado pela fé, independentemente das obras da lei. (Rm. 3:28)

> Sabendo, contudo, que o homem *não é justificado por obras da lei, e sim mediante a fé em Cristo Jesus*, também temos crido em Cristo Jesus, *para que fôssemos justificados pela fé em Cristo e não por obras da lei, pois, por obras da lei, ninguém será justificado*. (Gl. 2:16)

> Mas, antes que viesse a fé, estávamos sob a tutela da lei e nela encerrados, para essa fé que, de futuro, haveria de revelar-se. De maneira que a lei nos serviu de aio para nos conduzir a Cristo, a fim de que fôssemos *justificados por fé*. (Gl. 3:23-24)

Em resumo, então, isto é o que aprendemos sobre a nossa bondade: no início, Deus declarou que tudo o que ele havia feito (incluindo Adão e Eva) era bom. Essa bênção de bondade encheu os corações de todas as suas criaturas, e elas se alegraram nele. Em seguida, o pecado entrou, e a nossa capacidade de alcançar a verdadeira bondade foi perdida. Imediatamente, as pessoas começaram a tentar encontrar a bondade por conta própria. Eventualmente, aqueles que se esforçaram para ser muito bons mataram o único Homem verdadeiramente bom que já existiu. Mas, mesmo através desse ato assassino, a perfeita vontade de Deus foi realizada, a fim de que todos os que cressem recebessem tanto perdão quanto justiça.[5]

"Crianças, Livrem-se da Sua Bondade!"
Neste momento você pode estar se perguntando por que estamos tão longe do conteúdo usual encontrado em livros sobre criação de filhos. Estamos falando sobre a diferença entre a obediência e a justiça, porque essas categorias compõem o currículo básico do que ensinamos aos nossos filhos todos os dias. Cada palavra que dissermos a eles durante o dia será moldada pela visão que temos da capacidade deles de serem bons e de como os ajudaremos a chegar lá. Cada pai responsável quer filhos obedientes. Mas, se estamos confusos sobre a capacidade deles de serem bons, acabaremos mentindo sobre a perdição desesperada deles fora de Cristo. Nós lhes diremos que eles são bons e capazes de obedecer à lei de Deus.

Mesmo que a nossa triste falta de bondade (sim, mesmo na criação de nossos filhos) tenha sido demonstrada por milhares de anos, ainda buscamos arduamente a nossa própria bondade e educamos nossos filhos para fazerem o mesmo. Nós fazemos quadros para os nossos filhos e lhes damos etiquetas que dizem: "Você é ótimo!". Nós plastificamos nossos carros com adesivos que anunciam que nossos filhos são os melhores da classe (mesmo que toda criança da classe receba um adesivo para proteger sua frágil autoestima). Nós lhes dizemos que fazer a mamãe ou o papai feliz por serem bonzinhos é o objetivo da vida, transformando-os assim em pessoas subjugadas às opiniões e aprovação dos outros e sempre famintas por mais. E nós incutimos neles o impulso para provarem-se melhores do que os outros, quer seja sendo muito bons ou muito maus.

Melhor do que Quadros e Adesivos

Diga a seus filhos todos os dias o que Deus requer deles, e quando eles gemerem sob o peso disso, dê-lhes este convite: "Oh! Provai e vede que o SENHOR é bom; bem-aventurado o [menino ou a menina] que nele se refugia" (Sl. 34:8).

Continue mostrando a bondade do Senhor para com eles. Faça isso vez após vez. Por não sabermos a condição das almas dos nossos filhos, e porque eles podem simplesmente querer nos agradar ao orar para serem salvos, devemos continuar a dar-lhes a lei e incentivá-los a pedir a Deus fé para crerem que ele é tão bom como diz ser. Talvez eles sejam verdadeiramente salvos e, se for assim, a lei os ajudará a aprender como é a verdadeira bondade. Lembre-se, *a obediência deles* não *os torna justos*, mas se eles são justos, se eles já experimentaram o quão bom Deus é, então eles começarão a desejar obedecer a partir de um coração grato. Se uma criança for regenerada, ela crescerá em seu desejo de conhecer e demonstrar o seu amor por Deus.

Também daremos a lei de Deus aos nossos filhos que dizem ser salvos, a fim de torná-los gratos pelo cumprimento perfeito de Cristo em seu lugar. Quando eles falharem em obedecer, eles poderão agradecer a Deus por sua relação com ele não estar baseada em sua obediência, mas na obediência de Jesus. Mesmo sua desobediência pode ser uma ocasião para lembrar-lhes que o seu Salvador está orando por eles, e que o seu pecado jamais os separará dele ou do seu amor. Ele continua a sorrir-lhes, porque eles são seus filhos amados, em quem ele se compraz. Você pode continuar a assegurar-lhes que eles são definitivamente e totalmente bons por causa do que Jesus fez – se eles realmente pertencerem a ele.

Quando uma criança que afirma ser salva obedece (embora não perfeitamente), ela pode agradecer a Deus por ter sido capaz de fazê-lo apenas porque Jesus lhe deu o seu Espírito Santo. Dessa forma, ela pode ser ensinada a ver que tanto a sua obediência *quanto* a desobediência são ocasiões para gratidão a Deus.[6]

A Justiça de Jesus Estabelece a Nossa Bondade

Vamos revisitar aquele colorido quarto de brinquedos novamente. Hoje, em vez de aprender sobre Jonas, estamos estudando os Dez Mandamentos. A lição pedia para fazer duas pequenas tábuas que se parecem com as tábuas de pedra sobre as quais Deus escreveu sua lei perfeita (ver Êxodo 20). Papelão, papel alumínio, tesoura e uma caneta hidrocor são usados para ilustrar as exigências da bela lei de Deus.

Joshua, Jordan e Caleb são instruídos a considerar cada uma das leis e a repassar como eles falharam em obedecer. Eles, então, tomam a canetinha permanente e escrevem seu nome para cada mandamento. Então eles olham para as bênçãos e maldições relativas à obediência e desobediência de Deuteronômio 28 e 29. A mãe então lhes diz: "Deus exige perfeita obediência à sua lei, crianças, mas isso não foi tudo o que ele fez. Deixe-me ler para vocês uma coisa que é muito emocionante na Bíblia":

> Antigamente vocês estavam espiritualmente mortos por causa dos seus pecados e porque eram não-judeus e não tinham a lei. Mas agora Deus os ressuscitou junto com Cristo. Deus perdoou todos os nossos pecados e anulou a conta da nossa dívida, com os seus regulamentos que nós éramos obrigados a obedecer. Ele acabou com essa conta, pregando-a na cruz. (Cl. 2:13-14 NTLH)

A mãe continuou: "Quando olhamos para esses dez mandamentos, é óbvio que temos um registro de coisas erradas que fizemos. Estamos mortos em nossos delitos e pecados. Nós não somos bons. Mas esse versículo nos diz que esse registro de irregularidades foi pregado na cruz quando Cristo morreu, se crermos nele".

Deixando o quarto de brinquedos, a família então vai para o lado de fora. Cada uma delas pega uma cruz de madeira feita pelo seu pai e, usando martelo e pregos, cobre seu registro de sua desobediência com a cruz de madeira.

A mãe diz: "Por favor, entendam que o seu registro de desobediência só é coberto pela cruz, se você confiou em Jesus como seu Salvador. Se você sabe que não é capaz de obedecer a esses mandamentos não importa o quanto você tente, e se você sabe que precisa de alguém para obedecê-los para você, Jesus Cristo é esse alguém. Ele é a sua obediência. A Bíblia diz que ele é a sua justiça". Aqui, a mãe lê em voz alta 1 Coríntios 1:30.

Ela continua: "Ele faz você realmente bom por dentro e por fora. E ele faz você querer obedecer. Mas se você não se importa com os mandamentos ou se você ainda está tentando provar que é bom o suficiente para obedecê-los e fazer com que Deus o ame, você está por sua conta. Essa terrível dívida de desobediência é tudo o que vocês têm a oferecer ao santo Criador de todas as coisas. Então, vamos orar para que Deus abra os seus olhos para a sua lei e suas boas-novas, e para que ele volte os corações de vocês para ele".

Criar bons filhos é totalmente impossível, a menos que eles sejam atraídos pelo Espírito Santo para colocar sua fé na bondade de outro. Você não pode criar bons filhos, porque você não é um bom pai. Há apenas um bom Pai, e ele teve um bom Filho. Juntos, esse Pai e Filho realizaram tudo o que precisava ser feito para resgatar a nós e a nossos filhos da destruição certa. Quando colocamos nossa fé nele, ele outorga a bênção sobre nós: "Estes são meus filhos amados, em quem me comprazo" (ver Mateus 3:17).

Dê essa graça a seus filhos: diga-lhes quem eles realmente são, diga-lhes o que eles precisam fazer e, então, diga-lhes que provem e vejam que o Senhor é bom. Dê essa graça para si mesmo também.

Relembrando a Graça de Deus

Por favor, não ignore o que o Espírito Santo possa estar fazendo em seu coração ao longo deste capítulo. Por favor, reserve um tempo para pensar profundamente sobre o assunto e para responder às seguintes perguntas.

1) Qual é a história da bondade da humanidade e de nossas tentativas de sermos bons?
2) Como podemos encorajar nossos filhos quando eles são obedientes? Será que nossas palavras realmente fazem diferença? Como?
3) O que deve motivar a nossa obediência e a de nossos filhos?
4) De que forma a obediência humana e a justiça passiva diferem uma da outra? De que forma nós tentamos fazer com que elas sejam a mesma coisa?
5) Como o ensino aos nossos filhos sobre a justificação e a justiça de Cristo os ajuda?
6) Onde pais e filhos podem encontrar descanso final e esperança?
7) Resuma o que você aprendeu neste capítulo em três ou quatro frases.

Capítulo Três
Esta é a Obra de Cristo

A lei diz, "faça", e nunca é feito.
A graça diz, "creia", e tudo já está feito.
– Martinho Lutero[1]

Nossa família tem passes anuais para a Disneylândia e para o parque Disney California Adventure, então, alegremente nós dirigimos pela estrada várias vezes durante o ano para passar o dia gritando, rindo e correndo de atração em atração. Uma das atrações que mais nos aterroriza é a *Mickey's Fun Wheel*, uma roda-gigante de 45 metros de altura. Agora, antes de você revirar os olhos e dizer: "Que bando de covardes! Com medo de uma roda-gigante!", deixe-nos contar um pouco mais. Como a maioria das rodas-gigantes, você entra em uma gôndola ou cabine, na parte inferior da roda (enquanto outras pessoas estão gritando de terror na parte superior). Então você é erguido, e a verdadeira "diversão" começa. Veja bem, a *Mickey's Fun Wheel* é na verdade uma atração dentro de outra atração. Quando as gôndolas (e você) são erguidas pela roda, elas também deslizam ao longo de curvas interiores, de modo que, conforme a roda gira, você tem a sensação terrível de que está prestes a cair 45 metros em direção ao calçadão. E, claro, sempre temos crianças conosco (algumas mais velhas do que outras) que pensam que é extremamente emocionante balançar a gôndola tanto quanto puderem.

De verdade, nós andamos em montanhas-russas e em torres de queda livre, e nada nos assusta como essa coisa. Concluímos que é tão assustador, porque não podemos ver para onde estamos indo e não há onde se segurar. Sem fivelas. Sem trava acolchoada. É só você e uma gôndola deslizando em algum padrão desconhecido a 45 metros de altura sobre a cidade de Anaheim. Estamos lá em cima, balançando na brisa e esperando que quem quer que tenha soldado nossa gôndola não estivesse ocupado enviando mensagens de texto para sua namorada quando as soldas mais importantes estavam sendo feitas.

Até agora, nós demos a você um paradigma para a criação de filhos que pode parecer um pouco com a Mickey's Fun Wheel. Ou talvez não seja assim tão divertido. Podemos imaginar que, agora mesmo, a sua cabeça deva estar girando. Você pode estar pensando que levamos essa coisa de evangelho um pouco longe demais, ou você pode simplesmente estar confuso e se perguntando o que deve fazer agora. *Ok, eu vou jogar fora todos os meus quadros e adesivos, mas e depois? É melhor haver outra coisa na qual eu possa me apegar!*

Nós entendemos. Nós entendemos, porque estamos ali com você, balançando naquela gôndola com nada abaixo de nós, exceto a graça. E enquanto ansiamos estar livres do equívoco tirânico de que o sucesso de nossos filhos depende inteiramente de nós, nossas mãos estão começando a ficar suadas também. Assim como você, nós estamos muito confortáveis confiando na lei como o meio para atingir os nossos objetivos. Aqui está a fórmula com a qual estamos mais à vontade: *Boa criação dentro de casa, bons filhos fora dela*. Parece fácil e reconfortante, não é mesmo? Claro, há sempre a questão de saber se a nossa forma de criação será boa o suficiente, mas ainda assim, a nossa dependência em relação à lei é como estar com os pés firmemente plantados na boa e velha terra firme. Até que, é claro, lembremos que este é o sul da Califórnia, no fim das contas.

Desapegar da lei faz com que nos sintamos perdidos e abandonados. Não, claro que não gostamos da lei, mas a graça é simplesmente aterrorizante, como balançar naquela gôndola miserável ou cair livremente na fé. Confiar que Deus é tão bom assim? Deixar de confiar em nós mesmos e em nossos próprios esforços?

A Salvação é do Senhor

Nós sabemos que você quer passos, fivelas e travas acolchoadas. Nós também. E é por essa razão que vamos lembrá-lo mais uma vez do que escrevemos na introdução. Nós lhe dissemos que a criação de filhos na graça não deve ser usada como uma outra fórmula para tentar controlar Deus e seus filhos. Claro, há uma abundância de medidas práticas que você pode tomar com seus filhos, mas, fundamentalmente, você terá que aceitar a verdade de que a salvação deles é toda pela graça.

Aqui estão alguns exemplos da graça de Deus em ação. Ao longo deste livro eu confessei o quão moralista nosso estilo de criação foi. Nós raramente demos o evangelho aos nossos filhos. Éramos frequentemente severos e excessivamente rigorosos. Em outros momentos, éramos apáticos e egocêntricos. Mesmo assim, aqui estou eu, escrevendo um livro sobre a criação de filhos no evangelho com a nossa filha Jessica. Há uma lição nessa confissão. A salvação é inteiramente pela graça. Por favor, não pense que eu estou sendo modesta ou humilde. Eu não estou. A nossa forma de criação de filhos era completamente orientada pela fórmula lei-medo-controle. Claro, nós nos divertíamos e nos amávamos, mas Jesus estava longe de ser encontrado.

Além disso, minha infância foi longe do ideal. Embora minha mãe amasse meu irmão e a mim, ela era uma mãe solteira tentando nos sustentar. Às vezes ela trabalhava em dois empregos para tentar fazer frente às despesas. Meu irmão e eu basicamente nos criamos sozinhos. Durante a nossa adolescência, minha mãe também lutou contra um distúrbio ósseo debilitante que a tornou ainda menos disponível para nós. Nós nunca tivemos devocionais em família. Nós nunca oramos antes das refeições. A não ser que a minha avó me levasse para a igreja, nós raramente íamos. Por estar trabalhando, minha mãe raramente comparecia a qualquer evento escolar especial. À medida que eu crescia, fui me tornando uma incrédula egoísta, sem pudor e cheia de ódio. Mas Deus me salvou. Ele usou toda a mágoa para me fazer ver o quão grande ele era e o quanto eu precisava dele. Ele transformou meu coração e me fez amá-lo. E ele continua usando todos os problemas da minha infância para me tornar grata pela graça.

Deus tem sido bom para o Phil e para mim, concedendo-nos filhos cristãos e amorosos e, é claro, a sua bondade nunca significa que devamos desdenhosamente ignorar as responsabilidades de pais e assumir que Deus apenas salvará nossos filhos se ele quiser. Não, viver dessa maneira seria incredulidade, desobediência e presunção. Seria falhar em amar nossos filhos e ao Senhor. Devemos sempre fazer o nosso melhor, esforçando-nos para sermos obedientes e amar, educar e discipliná-los. Mas devemos fazer isso com fé na capacidade do Senhor de transformar corações, não em nossa capacidade de ser consistente ou fiel. A busca por sermos pais fielmente obedientes é nossa responsabilidade; conceder fé aos nossos filhos é responsabilidade dele. Liberdade para amar e desfrutar de nossos filhos flui do conhecimento de que Deus os salva, *apesar dos nossos melhores esforços*, e não por causa deles. A salvação é do Senhor.

Então, você pode se perguntar: *Bem, se essa é a verdade, por que raios eu estou trabalhando tão arduamente nisso? Se Deus realmente é soberano e fará o que quiser fazer e salvará os meus filhos com ou sem mim, então por que eu estou quebrando a cabeça? Por que eu não estou em um cruzeiro em algum lugar enquanto uma babá cuida deles?*

Nós entendemos. Quando confrontados com a soberania misericordiosa de Deus, uma soberania que usará tanto a criação fiel quanto a ímpia como meio para atrair as crianças para ele, a propensão para desistir é muito forte. Nós nos orgulhamos de ser autossuficientes. Queremos trabalhar e receber uma recompensa garantida. Então, quando não nos é prometida uma recompensa garantida, achamos que não devemos trabalhar. Esse pensamento é falacioso, porque o relacionamento que temos com Deus não é como um relacionamento entre um mestre e um escravo ou empregador e empregado. É uma relação entre um pai amoroso e seus amados filhos e filhas. Nós não estamos trabalhando porque queremos receber uma recompensa. Nós não trabalhamos para ganhar a bênção de Deus. *Trabalhamos porque já temos isso* (Rm. 4:4-8).

Trabalhamos porque amamos a Deus e tudo o que ele fez por nós. Trabalhamos porque ele nos ordenou que trabalhássemos. E trabalhamos porque ele pode usar os nossos esforços na criação como meio de chamar nossos filhos a ele. Mas nunca devemos trabalhar porque pensamos que o nosso trabalho, em última análise, transformará nossos filhos. Nossas obras não são boas o suficiente, ou poderosas o suficiente, para transformar qualquer coração humano.

Como podemos dizer se nossos esforços na criação de filhos são motivados pela confiança na graça de Deus ou pela autoconfiança? Como podemos saber se estamos tentando obrigar Deus a algo ou servindo-lhe em sinal de gratidão?

Uma maneira de julgar é considerar a sua reação quando seus filhos falham. Se você fica com raiva, frustrado ou desesperado porque você trabalhou tão duro e eles não estão respondendo, então você está trabalhando (pelo menos em parte) pelas razões erradas. Por outro lado, se você fica orgulhoso quando seus filhos obedecem e você recebe aqueles desejados elogios – *oh, os seus filhos são tão bons!* – você deve suspeitar de suas motivações. Tanto o orgulho quanto o desespero crescem no coração autossuficiente.

Não Depende de Você
Muitos pais e mães que conhecemos caracterizariam sua forma de criar filhos como um trabalho árduo e custoso. Se você acredita que a angústia e fadiga paternal que você sente é só sua, considere o seguinte: Em uma pesquisa realizada pela organização *Focus on the Family*, o comentário mais frequente das mães era que elas se sentiam como um fracasso.[2]

Sim, é claro que a criação fiel de filhos é um trabalho árduo. Não é com isso que estamos preocupados. Estamos preocupados com os pais que carregam em seus ombros todo o peso da salvação e felicidade de seus filhos ao longo da vida. Nós não fomos feitos para levar a responsabilidade final pela alma de ninguém: nem a nossa própria nem as de nossos filhos. Somente o Bom Pastor é forte o suficiente para carregar uma alma – esse é o trabalho dele, não nosso. E, embora esse tipo comprometido de criação de filhos pareça piedoso, ele não é nada menos do que justificação por obras e idolatria.

Justificação por Obras
Justificação por obras é uma variação falsa e mortal da obediência piedosa. A obediência piedosa é motivada pelo amor a Deus e pela confiança em seu plano gracioso e poder. A justificação por obras é motivada pela incredulidade; é uma confiança em nossas habilidades e um desejo de controlar os resultados. Justificação por obras desemboca em penitência: *Eu me redimirei com você, redobrando meus esforços amanhã!*, em vez de em arrependimento: *Senhor, perdoe-me pelo meu pecado hoje. Obrigado por me amar, apesar de todas as minhas falhas.* Na criação de filhos, a justificação por obras fará com que sejamos tanto medrosos quanto exigentes. Quando virmos as nossas falhas, seremos tomados pelo medo: *Eu realmente arruinei tudo com os meus filhos hoje. Tenho tanto medo de estragá-los!* Quando virmos as falhas deles, seremos excessivamente exigentes: *Eu já lhe disse o que quero que você faça. Você não me ouviu? Eu já devo ter falado umas cinquenta vezes nos últimos cinco minutos. Estou farto dessa sua atitude horrí*vel. *Você precisa me ouvir e fazer o que eu digo sem reclamações ou murmurações e sem revirar os olhos. Simplesmente faça!* É óbvio que ambas as respostas se alimentam mutuamente em um ciclo interminável de raiva, desespero e penitência.

A justificação por obras suprime os doces confortos da graça porque ela nos separa de Deus, o único que é o doador da graça. Ela nos separa porque ele absolutamente insiste em ser o nosso único Salvador. Esta é a sua reivindicação: "Eu, eu sou o SENHOR, e fora de mim *não há salvador*" (Is.

43:11, ver também 45:21). Nós não somos nem podemos ser os salvadores de nossos filhos. Ele é o Salvador. Quando nos esquecemos disso, a criação de nossos filhos é marcada por medo, severidade e exaustão.

Por outro lado, quando descansamos em sua obra graciosa, experimentamos o conforto que ele nos concedeu. Ele se deleita em ser adorado como Aquele "que tudo nos proporciona ricamente para nosso aprazimento" (1Tm. 6:17). Ele ama inundar nossas consciências com a paz que vem de saber que nossos pecados estão perdoados e que nossa posição perante ele é completamente segura. Quando estamos tranquilamente descansando na graça, temos graça para dar aos nossos filhos também. Quando estamos libertos da responsabilidade final de ser o salvador deles, encontramos o nosso fardo de pais se tornando fácil e leve.

> Vinde a mim, todos os que estais cansados e sobrecarregados, e eu vos aliviarei. Tomai sobre vós o meu jugo e aprendei de mim, porque sou manso e humilde de coração; e achareis descanso para a vossa alma. Porque o meu jugo é suave, e o meu fardo é leve. (Mt. 11:28-30)

Idolatria

Falando de forma simples, a idolatria é a adoração e serviço a qualquer outro deus além de Deus. Nós todos lutamos contra a idolatria. Na verdade, foi dito uma vez que os nossos corações "fabricam" ídolos.

Dentro do coração do cristão, a idolatria é frequentemente a adoração de algo bom, como ter filhos crentes e obedientes. Esse desejo não é pecaminoso ou idólatra em si; ele é bom. Mas torna-se idólatra quando orientamos toda a nossa vida em torno dele ou pecamos porque o queremos tanto. Quando nós queremos tão desesperadamente que nossos filhos sejam bons, a ponto de nos tornarmos alternadamente irados, medrosos, orgulhosos ou mal-humorados, então o nosso desejo pela transformação deles se tornou o deus que servimos.

Sim, de fato Deus nos ordena a educarmos nossos filhos, mas é preciso cuidado para que essa educação não se transforme em algo mais importante para nós do que o próprio Deus. Lembre-se de que Abraão foi elogiado por Deus por estar disposto a sacrificar seu filho em adoração a ele (Gn. 22:15). Jesus também ecoou essa mesma verdade quando proferiu esta afirmação chocante: "Se alguém vem a mim e não *aborrece* a seu pai, e mãe, e mulher, e *filhos*, e irmãos, e irmãs e ainda a sua própria vida, não pode ser meu discípulo" (Lc. 14:26).

A idolatria está sempre sujeita à lei dos retornos decrescentes também. Em outras palavras, a obediência do Joãozinho hoje não será boa o suficiente amanhã. Eu aconselhei muitos pais cujos filhos eram piedosos e fiéis, mas esses pais estavam insatisfeitos porque seus filhos não correspondiam às noções preconcebidas dos pais a respeito do que seus filhos deveriam ser. Se você já se perguntou por que você parece ser tão exigente, e por que "bom" nunca é "bom o suficiente" para você, talvez a idolatria seja a resposta. Talvez você já tenha ouvido falar que uma educação bem sucedida significa que seus filhos sempre obedecerão na primeira vez que você pedir com um sorriso no rosto. Tal como acontece com todas as outras formas de idolatria, nós, pais, realizamos os rituais prescritos e esperamos os resultados desejados. *Boa criação, bons filhos*. Mas então, quando nossos filhos se recusam a satisfazer os nossos desejos, nós nos sentimos arrasados. *Mas eu trabalhei tão duro e tentei fazer tudo certo! O que aconteceu?*

Nossa idolatria é um sintoma de um problema mais profundo: a incredulidade. Elevamos o sucesso de nossos filhos e nossas técnicas de criação ao status de divindade por causa da nossa incredulidade. Nós simplesmente não acreditamos que Deus é bom o suficiente para ficar encarregado das almas dos nossos filhos, ou que ele não é sábio o suficiente para saber o que nos fará, em última análise, felizes e satisfeitos. *Temos uma visão muito elevada da nossa capacidade de moldar nossos filhos e demasiadamente baixa do amor e da fidelidade de Deus*. Então, nós multiplicamos técnicas e tentamos controlar o resultado. Esperamos inconscientemente que, pela nossa "justiça", obriguemos Deus a fazer tudo sair do jeito que queremos. Honestamente, não é de se admirar que todas as mulheres sentadas ao redor do parquinho com os seus filhos precisem tanto de um cochilo. A idolatria, como todos os pecados, devasta a alma. Ela nos separa do conforto da graça, da paz de consciência e da alegria que deve ser a nossa força.

Graça para a Crise

Um dia, quando Wesley tinha quatro anos de idade, Jessica se lembra de ter sentado no parque com uma nova amiga, que chamaremos de Catherine. Catherine era nova no cristianismo e nova em nossa igreja. Como todas as mães fazem em parques, ela e Jessica começaram uma conversa sobre a criação de seus filhos. A conversa voltou-se para o tema da disciplina. Jessica estava tentando explicar biblicamente a Catherine o quão importante é a disciplina consistente e amorosa. Ela falou com ardor sobre quão benéfica ela havia sido na vida do pequeno Wesley.

Mas então, quando chegou a hora de ir embora, Wesley decidiu que não queria ir. Aparentemente, isso era contra o seu plano de felicidade eterna. Assim, ele se jogou no chão do estacionamento e fez um escândalo. Jessica se sentiu humilhada. Tudo o que ela tinha acabado de dizer a Catherine sobre os benefícios da disciplina estava se voltando contra ela mesma.

Jessica lutou contra a sua própria justificação por obras. Ela se sentiu com medo e irada. Ela lutou contra o seu desejo de que sua nova amiga pensasse bem dela e de seus métodos de criação de filhos. Ela se perguntou: *O que ela pensa de mim agora? O que ela acha do meu filho?* Ela começou a dar desculpas: "Ele normalmente não age dessa maneira". No momento em que ela conseguiu afivelar o cinto de segurança em Wesley, ela foi consumida pelo seu próprio fracasso como mãe. *Eu faço exatamente o que a Bíblia diz. Por que Deus não está me ajudando ou mudando o meu filho? Eu nunca mais vou falar sobre criação de filhos com ninguém!*

Se Jessica tivesse se lembrado de educar à luz da graça, ela poderia ter reagido de forma diferente. Conhecendo o caráter de seu Pai celestial, ela poderia ter se lembrado que toda vez que algo inesperado acontece, é Deus se aproximando dela mais uma vez em amor para mostrar-lhe as glórias do evangelho e as belezas da graça. Ela poderia ter sido lembrada de que a palmada não transforma a alma; somente Jesus Cristo. Ao ver o Wesley no chão fazendo uma cena, ela poderia ter visto uma imagem do seu próprio coração. Ela poderia ter ouvido o Senhor lembra-la de que este coração rebelde é como o dela. O Senhor poderia ter falado ao seu coração desta forma:

> Esta é você. É assim que o seu coração é fora da minha graça. Você não é diferente. Essa é apenas mais uma oportunidade para você se deleitar na minha bondade para contigo. Você enxerga o quão irada você está? Você enxerga o quanto precisa de mim? Você está envergonhada porque o Wesley agiu dessa maneira na frente de uma amiga que você esperava impressionar. Mas o meu Filho não se envergonha em chamá-la de irmã (Hb. 2:11). Você está focada em sua reputação porque acha que a amizade com Catherine fará você feliz. Você está esquecendo que eu sou a fonte da sua felicidade. Wesley está me ajudando a lhe mostrar o quanto você precisa de um Salvador também. Você e Wesley são exatamente iguais. Vocês dois são pecadores, mas ambos são amados. Nenhum dos dois merece o meu amor, mas eu graciosamente o concedi a vocês.

Então, sem idolatria, justificação por obras ou descrença, Jessica poderia disciplinar Wesley com estas palavras:

> Querido, eu vou puni-lo agora porque eu amo você, e você precisa aprender a se controlar. Quando eu lhe digo que é hora de ir, nós temos que sair. Eu sei que você não queria ir embora, mas quando nós não conseguimos o que queremos, não é certo começar a gritar e se atirar no chão. Há duas coisas que você deve entender: primeiro, que você estava se arriscando. Deus me colocou como responsável por você, e ele me disse para mantê-lo seguro. Quando você se deita em um estacionamento com carros ao redor, você pode se machucar. Então, quando eu lhe digo para vir, estou fazendo o que eu acredito que manterá você seguro. Em segundo lugar, quando você não consegue o que quer, você não está autorizado a começar a gritar e chorar. Você está pecando contra Deus e contra mim quando desobedece e reclama. Eu entendo que você não quer deixar o parque. Eu sei como é difícil mostrar controle quando você não consegue o que quer. E porque você não consegue controlar a si mesmo, você precisa de Jesus.
> Você sabe o que ele fez quando teve que ir para um lugar que ele não queria? Ele disse a Deus que faria o que Deus quisesse que ele fizesse. Ele fez isso por você, e ele fez isso por mim. O lugar para onde ele não

queria ir era a cruz. Ele sabia que a cruz seria difícil, e que isso o machucaria muito. Mas ele fez o que não queria fazer porque nos amou. Mas eu quero que você saiba que você não é o único sendo disciplinado hoje. Hoje Deus me mostrou o seu amor por mim ao me disciplinar também. Ele me mostrou as formas como eu estava sendo desobediente no meu coração também. Ele me mostrou o meu orgulho e a minha ira. Disciplina dói, mas eu tenho fé de que Deus a usará na vida de nós dois para nos fazer amá-lo mais.

Fé na Soberania Graciosa de Deus

Queremos libertá-lo da incredulidade e da justificação por obras que roubam você do conforto da graça. Queremos que a sua maneira de criar filhos, embora pareça difícil e interminável, seja livre de idolatria e incredulidade. Queremos encorajá-lo a viver pela fé no Filho de Deus, que o amou e a si mesmo se entregou por você (Gl. 2:20), e não pelos seus esforços próprios.

Sim, devemos ser fiéis e diligentes. Mas, mesmo assim, não estamos assegurados de que a nossa maneira de criação produzirá filhos piedosos. Deixe-nos dizer isso novamente para que fique claro: não existem promessas na Bíblia de que até mesmo a melhor maneira de criar filhos produzirá bons filhos. Nenhuma.

Na verdade, quando se pensa sobre isso, há muito poucos exemplos de pais piedosos gerando filhos piedosos na Bíblia.

Pense por um momento sobre os santos do Antigo Testamento que são conhecidos por servir ao Senhor. Abraão não foi criado em um lar piedoso. Na verdade, seu pai era um idólatra. O pai de José pecaminosamente o favoreceu e desrespeitou os seus irmãos porque a mãe deles não era tão bonita quanto a de José. Moisés foi criado por uma mulher solteira que adorava o sol. O pai de Davi o tinha em tão baixa consideração que não se lembrou dele quando Samuel veio procurando o futuro rei de Israel. Os pais de Daniel eram idólatras e foram julgados por Deus no exílio.

Por outro lado, temos exemplos de crianças com pais terrivelmente perversos que acabaram servindo ao Senhor com fidelidade. O rei Ezequias é uma boa ilustração disso. Ele era o filho de um dos reis mais perversos de Judá, Acaz, mas Ezequias não foi arruinado pela maldade de seu pai. Em vez disso, Ezequias é famoso pela sua fé e obediência ao Senhor. Mas Ezequias teve um filho chamado Manassés, que "fez errar a Judá e os moradores de Jerusalém, de maneira que fizeram pior do que as nações que o SENHOR tinha destruído de diante dos filhos de Israel" (2Cr. 33:9). Manassés teve um filho ímpio chamado Amon, mas Amon teve um filho justo chamado Josias. Há uma mensagem para nós aqui nesta linhagem: pais justos não necessariamente produzem filhos justos, e pais ímpios não necessariamente produzem filhos ímpios. Na verdade, parece que Deus se deleita em salvar os filhos de seus inimigos. Deus tem prazer em fazer o que não podemos fazer. Ele é o único Salvador.

Mas o que dizer de Timóteo? Ele teve mãe e avó crentes, que haviam lhe ensinado as Escrituras (2Tm. 1:5; 3:15). Embora seja verdade que Timóteo tenha tido uma boa base por parte de sua mãe e avó, ele também teve um pai incrédulo que se recusou a deixá-lo seguir a fé de sua mãe (At. 16:1-3). O pai de Timóteo não era um homem justo envolvido com a pregação do evangelho e líder de devocionais. Ele não era nem mesmo um crente; e ele não permitiu que a mãe de Timóteo desse o sinal da aliança a seu filho. *Então Deus trouxe Paulo para ser um pai para Timóteo e salvá-lo, apesar da incredulidade de seu pai.* Timóteo cumpriu o propósito soberano de Deus ao ser um filho de Paulo, e Paulo cumpriu o propósito de Deus em ser um pai para Timóteo. Mães que têm maridos descrentes ou desengajados devem descansar nesta verdade e *nunca* temer que a incredulidade de seu marido feche as portas do reino aos seus filhos.

Quando somos vítimas da ilusão de que nossa boa forma de criação salvará as almas de nossos filhos, nós cegamente esquecemos que ninguém na igreja primitiva foi criado em um lar centrado no evangelho. Na verdade, ao estudar as culturas de Corinto, Éfeso ou Roma, onde o infanticídio era uma prática normal e crianças eram consideradas bens, deveria nos surpreender o fato de haver algum crente na igreja primitiva. Ninguém em Jerusalém conhecia os segredos de uma criação de sucesso que concederia aos filhos o dom da fé no Messias, mas a igreja foi estabelecida de qualquer maneira. Isso porque Deus pode fazer todas as coisas, e nenhum de seus planos pode ser frustrado (Jó 42:2). Ele é o Salvador.

Na Bíblia não há promessas de salvação, ou mesmo de sucesso, para a criação fiel de filhos. Na verdade, na história que é normalmente chamada de "o filho pródigo" (Lucas 15), Jesus descreveu um bom pai que tinha dois filhos perdidos. Um filho estava perdido para a imoralidade e o outro para a moralidade. É claro que, nesta história, o Pai é Deus. Se dissermos que bons pais (como se houvesse tal coisa!) sempre produzem bons filhos, então Deus não deve ter sido um bom pai. Você sabe que é blasfemo até pensar dessa forma. Lembre-se também de que Jesus derramou sua vida sobre doze homens durante três anos, e um deles o traiu e caiu completamente, e o outro lhe negou, mas acabou por ser salvo. Por que Judas e Pedro foram tais fracassos na hora da necessidade de Cristo? Foi porque Jesus não tinha ensinado bem o suficiente a eles, ou o plano soberano de Deus tem algo a ver com isso?

Mas e sobre Provérbios 22:6?
Ok, você deve estar pensando, *mas e sobre Provérbios 22:6: "Ensina a criança no caminho em que deve andar, e, ainda quando for velho, não se desviará dele"*? Esse versículo não ensina que se nós educarmos nossos filhos no caminho certo, eles não se desviarão dele?

Entender esse versículo começa com a compreensão do tipo de literatura que os provérbios são. Os provérbios não são promessas condicionais; eles são máximas ou ditados sábios. Eles descrevem, em um sentido geral, a maneira como Deus fez o mundo funcionar. Mas há uma abundância de exemplos que tornam nítido que essas máximas não são verdadeiras o tempo todo. Provérbios 10:4 é apenas um exemplo: "O que trabalha com mão remissa empobrece, mas a mão dos diligentes vem a enriquecer-se". Embora seja geralmente verdade que o trabalho árduo produz riqueza, esse não é sempre o caso. Há produtores de arroz muito trabalhadores na Índia que nunca sequer possuirão um carro nem saberão de onde sua próxima refeição virá. Outro exemplo encontra-se no provérbio sobre a mulher virtuosa: "Levantam-se seus filhos e lhe chamam ditosa; seu marido a louva" (Pv. 31:28). Quantas mulheres virtuosas foram desprezadas pelos filhos e maridos apenas para serem acolhidas e honradas pelo Senhor? Milhares? Milhões?

Os provérbios não são promessas condicionais; eles são máximas sábias. Quando deixamos de entender essa forma de literatura e construímos nossas vidas sobre os provérbios como uma garantia, chegamos a uma filosofia semelhante àquela dos consoladores de Jó. Eles tinham uma fórmula muito simples para obter a bênção de Deus: *Vá e faça a coisa certa*. Por outro lado, eles acreditavam que, se alguém não tem a bênção visível de Deus, deve ser porque ele não está fazendo o que Deus quer que ele faça. Eles pensavam que a obediência fiel sempre obriga Deus a responder da forma como se deseja. Eles estavam errados (Jó 42:7-8).

Embora seja verdade que Deus muitas vezes agracie pais sábios com filhos piedosos, esse nem sempre é o caso. Deus pode usar a sua maneira de criar filhos como forma de chamar seus filhos para si mesmo. Mas ele pode usar outros meios em um momento diferente. Ou ele pode usar a rebeldia e o desinteresse do seu filho como uma forma de cumprir a sua vontade inesperada. Nada que façamos pode obrigar Deus a nos abençoar da maneira que esperamos.

O Caminho da Fé

Por que Deus não nos daria uma promessa segura de que, se criarmos nossos filhos bem, eles se sairão bem? A nossa forma de educar não seria mais diligente se pensássemos que tínhamos a capacidade de salvá-los? Não, na verdade não seria. Nós não trabalharíamos mais se tivéssemos essa ordem e promessa porque não respondemos bem a ordens. A verdadeira obediência não vem de ordens com promessas. A nação de Israel e a sua resposta a Deuteronômio 28 e 29 devem ser prova suficiente disso.

Deus não promete a salvação dos nossos filhos em resposta à nossa obediência porque ele *nunca* incentiva a autossuficiência. Seria contra o caráter de Deus nos dar uma promessa de que nossos filhos seriam salvos se os criássemos de uma determinada maneira. Isso significaria que ele estivesse nos dizendo para confiar em alguma coisa que não fosse Cristo e sua graça e misericórdia. Ele estaria nos encorajando a confiar em nós mesmos, e Deus nunca faz isso. O caminho do Senhor é sempre um caminho de fé – fé em sua bondade, misericórdia e amor. Nossa fé é estar nele, não em nós mesmos.

Aqui está a nossa esperança: antes do tempo começar, Deus, o Pai, viu cada um de nós individualmente e distintamente. Ele não só nos viu; ele nos "conheceu". Isso significa que ele estava intimamente familiarizado com tudo acerca de nós antes mesmo de existirmos. Ele nos escolheu nele para termos um relacionamento com ele. Ele nos escolheu como seus filhos. Mas ele não fez isso por causa de qualquer bem que viu em nós. Na verdade, nenhum de nós tem absolutamente nada do que se vangloriar. Ele nos escolheu por pura graça e porque ele ama amar o que não é amável. Por causa de seu grande amor, ele merece ser totalmente honrado por nós. Isso significa que nós transferimos toda a nossa confiança (e continuamos transferindo vez após vez) a ele. Isso é fé. Da mesma forma que você confia nele e não em si mesmo para a sua salvação, você pode confiar nele para a salvação de seus filhos. Você pode dar a si mesmo graça: ele está no controle, ele é amoroso, seu plano é o melhor. E você pode dar aos seus filhos graça também. Criar filhos com graça não é outro conjunto de regras para você seguir. É uma história na qual você se alegra. Compartilhe a história com seus filhos. Mostre-lhes o Salvador. Mostre-lhes Jesus. Fascine-os com o seu amor.

Aqui está a Sua Tarefa do Dia: Creia
Em determinado ponto durante o ministério terreno de Cristo, as pessoas vieram a ele em busca de uma fórmula para uma vida de sucesso. Eles lhe disseram: "Que faremos para realizar as obras de Deus?" Jesus lhes respondeu: "A obra de Deus é esta: que creiais naquele que por ele foi enviado" (Jo. 6:28-29).

Eles queriam a lista. Você consegue ouvir seus corações? Nós conseguimos. *Basta nos dizer o que fazer e nós começaremos a fazer. Sabemos que podemos e nós realmente queremos, então apenas nos dê a lista e nós trabalharemos nisso.* Aqui estava uma grande oportunidade para que o Senhor lhes desse a lei novamente. Mas ele sabia o que eles fariam com ela. Ele havia assistido a resposta deles a ela por milhares de anos. Ele sabia o que estava em seus corações (Jo. 2:25). Não, mais regras não era o que eles precisavam. Eles precisavam de fé. Você quer fazer a obra de Deus? Ok, então creia. Creia que Deus é forte o suficiente para salvar seus filhos, não importa como você falhe. Creia que ele é amoroso o suficiente para trazê-los ao longo de todo o caminho a um relacionamento com ele mesmo, quer você compreenda o que é "criação na graça" ou não. E creia que ele é sábio o suficiente para saber o caminho certo e o momento certo de fazê-lo. O que você precisa fazer? Basta crer: "Crê no Senhor Jesus e serás salvo, tu e tua casa" (At. 16:31, ver também Rm. 9:30-32; 10:3-4). Nas palavras de Martinho Lutero, com a qual abrimos este capítulo: "A lei diz, "faça", e nunca é feito. A graça diz, "creia", e tudo já está feito. Tudo já está feito". Você pode crer nisso? Você crerá?

Aqui está o convite para dar uma volta na sua forma de criar seus filhos no que inicialmente pode parecer com a roda-gigante do Mickey. Todas essas regras sobre como fazer seus filhos "realizarem as obras de Deus" devem ser deixadas no chão, do lado de fora do portão. Entre na gôndola e confie nele *somente*. Mesmo que as fivelas apertadas e as travas de segurança da lei pareçam como um porto-seguro para você, no final, elas se desgastarão, e você desejará jogá-las fora. A lei pode servir por um tempo para fazer seus filhos pararem de balançar tanto a gôndola, mas, eventualmente, ela se desgastará contra eles também. Eles procurarão maneiras de contorná-la. A lei também não pode salvá-los. Fivelas apertadas e travas de segurança podem fazer você se *sentir* mais seguro, mas a chocante verdade é que você não pode controlar a direção da gôndola – você está completamente à mercê de Deus. Isso assusta? Por que assustaria? O evangelho não nos ensina que estar à mercê de Deus é um lugar de descanso e bênção? Cair em seus braços misericordiosos não é uma coisa boa?

Não temos garantia alguma sobre o plano do Senhor para a nossa família, mas uma verdade da qual temos certeza é esta: a lei não ajudará. Ela não nos ajudará a orquestrar o futuro. Ela não é poderosa o suficiente para mudar os corações de nossos filhos. Ela não nos capacitará a obrigar Deus a nos abençoar porque não conseguiremos cumpri-la, e mesmo que trabalhemos e trabalhemos, esse não é o caminho para a sua bênção. Ele nos disse que a nossa obra deve ser constituída por: crença. Crer na obra que Jesus Cristo já fez. O Pai quer que nós nos regozijemos em seu Filho amado e descansemos nele somente.

Claro, dar-lhes graça (em vez de lei) é assustador. A lei parece tão reconfortante, mas é uma falsa segurança. Somente a graça dele é suficiente para nos sustentar e transformar. A graça é mais forte do que toda a nossa obra e toda a nossa fraqueza, ela se aperfeiçoa quando nos humilhamos diante do desejo de Deus de glorificar o seu Filho e não a excelente criação de nossos filhos (2Co. 12:9). A salvação é do Senhor – ele é o Salvador. Suba a bordo e tome um assento. Não há fivelas aqui, apenas a fé. Seu Pai amoroso tem as coisas bem na palma de sua mão. Creia.

Relembrando a Graça de Deus
Por favor, não ignore o que o Espírito Santo possa estar fazendo em seu coração ao longo deste capítulo. Reserve um tempo para pensar profundamente sobre o assunto e responder às seguintes perguntas.

1) De que maneiras você acreditou na fórmula *"boa criação, bons filhos"*? Como essa fórmula é contrária ao evangelho?
2) Você costuma agir baseado na justificação por obras ou com idolatria quando se trata da criação dos seus filhos? Como?
3) Se a salvação é, em última instância, do Senhor, por que importa como nós disciplinamos?
4) De que maneiras você falha em crer na bondade de Deus ao criar seus filhos?
5) De que formas descansar totalmente em Deus mudaria o seu relacionamento com seus filhos?
6) Resuma em três ou quatro frases o que você aprendeu neste capítulo.

Capítulo Quatro
Jesus Ama Todos os Seus Pequenos Pródigos e Fariseus

Uma pessoa pode ser viciada em ambos, ilegalidade ou legalidade. Teologicamente, não há diferença, uma vez que ambas rompem o relacionamento com Deus, o doador.
– Gerhard O. Forde[1]

Água azul cintilante e brisas quentes de verão; as aulas acabaram, e as crianças estão praticamente morando na piscina. É verão, e todas as crianças da vizinhança estão desfrutando de um bom jogo de Marco Polo com Susan e David.

Enquanto supervisiona a diversão deles, a mamãe está tentando pegar um pouco de sol. Mas então, desapontada, ela percebe que o tom do jogo começou a mudar. Suspirando, ela pensa: *Aqui vamos nós de novo! Por que eu não posso ter apenas uma tarde de descanso sem que eles briguem?*

"Eu desisto!", David grita ao sair da piscina.

"Você trapaceou!", é a resposta irritada de Susan.

Essas foram apenas suas ofensas iniciais. Sentindo sua própria raiva começando a se formar, a mãe ora rapidamente: *Deus, ajude-me a acreditar que isso é o Senhor se aproximando com graça. Por favor, ajude-me a ver e ajude-me a superar o meu desejo de estar sozinha. Por favor, use isso em nossas vidas.*

Chamando David e Susan para vir até ela, ela os recebe em seus braços. Ambos sabem o que está por vir, e seus pequenos rostos rígidos refletem corações determinados a não ouvir.

David, dois anos mais jovem que Susan, trapaceia regularmente em jogos para tentar ganhar vantagem sobre sua irmã. David é o transgressor da lei que racionaliza que está tudo bem em trapacear porque ele é menor e não é justo que ele tenha que perder o tempo todo.

"David, eu entendo por que você está tentado a trapacear nas brincadeiras. Eu sei que você quer ganhar, mas quebrar as regras, mesmo as regras de um jogo como Marco Polo, é errado. Eu sei que não parece ter grande importância trapacear no Marco Polo, mas Jesus sofreu e morreu por infratores".

"Sim, mamãe", respondeu David. "Eu sei, e eu sinto muito".

Embora David seja rápido em dizer as palavras que ele julga serem mágicas, sua mãe tem dúvidas de que o seu "sinto muito" signifique algo mais que: "Podemos acabar com isso para que eu volte para a piscina?"

Em seguida, a mãe olha para a sua pequena guardiã de regras, Susan. Ela vê a dureza nos olhos de Susan ao virar-se para ela e lhe perguntar se gritar com seu irmão mais novo era uma coisa gentil de se fazer.

A resposta de Susan foi um não mal-humorado. Mas, então, a justificativa para sua raiva logo apareceu: "Mas ele sempre trapaceia! E, então, quando nós dizemos para ele seguir as regras, ele sempre desiste!"

Sim, a mãe sabia que isso era verdade. David frequentemente trapaceava em jogos para que ele pudesse ganhar. Susan raramente trapaceava, principalmente porque ela costumava vencer sem muito esforço. Mais uma vez, a mãe orou por graça, porque ela sabia que Susan estava certa, mas também porque ela estava cansada do conflito contínuo. *Senhor*, ela orou, *ajude-me a ser sábia e saber o que dizer agora. Ajude-me a não me entregar à minha própria incredulidade, justificação por obras e idolatria. Ajude-me a vê-lo aqui.*

"Susan", a mãe começou: "Eu concordo com você. O David deveria seguir as regras. E eu concordo que devemos lembrá-lo de fazer isso". *E agora? Alguma coisa está faltando aqui. Ajude-me, Senhor, por favor*. Então, mais uma vez, o evangelho veio como um 'Tsunami' de graça.

"Sim, Susan, o David deveria seguir as regras do jogo. Mas as regras não são a coisa mais importante. Há algo que é mais forte e mais importante do que as regras do Marco Polo. Você sabe o que é? A misericórdia é mais importante do que a lei".

Essa mensagem confundiu Susan, e um olhar questionador surgiu em seu rosto. Mesmo com a tenra idade de nove anos, ela já havia percebido que guardar as regras e a lei era o suprassumo de tudo. Ela sabia que as regras eram o que fazia com que você fosse "certo", e ela adorava se sentir "certa".

"Você entende como a misericórdia é mais importante do que a lei?"

Susan balançou a cabeça negativamente. Afinal, o que poderia ser mais importante do que manter as regras e fazer as coisas certas?

"Susan, deixe-me contar sobre algo chamado a lei do amor".

"A lei do amor?", ela perguntou. Pela primeira vez, o rosto e a voz de Susan se suavizaram. Sua mãe estava começando a ter esperança de que o Espírito Santo trabalharia no coração de Susan.

"Sim! A lei do amor é a lei que Cristo manteve perfeitamente em seu lugar. Deixe-me contar sobre isso. Somos todos transgressores da lei e inimigos das regras quando se trata de algo que queremos fazer. David quebra as regras ao trapacear, você quebra as regras ao gritar com ele, e eu quebro as regras ao querer paz e sossego. Somos todos transgressores da lei e inimigos das regras. Nenhum de nós mantém as regras ou ama o outro como deveria. Mas quando Jesus veio, em vez de nos fazer pagar por quebrar as regras, ele nos amou. Você sabe como ele nos amou?"

Susan sabia a resposta para essa pergunta: "Morrendo pelos nossos pecados?"

"Sim, isso mesmo! Ele levou o castigo por nossos pecados, para nos mostrar que algo é mais importante do que as regras. Você sabe o que é mais importante? É a fé que atua pelo amor, como a mensagem em Gálatas 5:6 (NTLH) nos diz: 'Pois, quando estamos unidos com Cristo Jesus, não faz diferença nenhuma estar ou não estar circuncidado. O que importa é a fé que age por meio do amor'. O nosso cumprimento de regras ou não cumprimento delas não contam, na verdade, para nada diante de Deus. A única coisa que conta é crer que Jesus morreu por nós e, depois disso, responder em amor a Deus e ao próximo.

"Então, veja, Susan, se você realmente acredita que Jesus morreu por seus pecados, você pode amar o seu irmão caçula transgressor de regras. Afinal, você é exatamente como ele. E quando você falhar em amá-lo, você pode se lembrar de que Jesus, o Senhor do amor, obedeceu à regra sobre o amor por você, em seu lugar, de modo que, se você realmente crê nisso, o seu desejo de se sentir como uma "boa" pessoa já foi, para sempre, satisfeito na bondade do Filho de Deus. E, então, porque ele e o seu amor por você são tão maravilhosos, você pode voltar para a água e brincar, lembrando que amar o seu irmão como Cristo amou você é mais importante do que seguir as regras do Marco Polo".

A mãe olhou com amor e compreensão para os seus dois filhos. Seus rostos estavam mais brandos; eles estavam começando a compreender a boa-nova. "Agora, deixe-me orar para que o Espírito Santo ajude-os a entender o que nós acabamos de falar. Então, se vocês estão realmente arrependidos da raiva de um contra o outro, vocês poderão pedir perdão um ao outro e ao Senhor. Depois de orar, eu deixarei vocês dois conversarem por alguns minutos antes de voltarem para a piscina".

Dentro de cada família, e até mesmo dentro do coração de cada pessoa, há uma Susan e um David. Há aqueles que gostam de pensar que eles mantêm as regras, e há aqueles que não se preocupam com as regras tanto quanto se preocupam com outras coisas, como ganhar ou se divertir. O coração de uma Susan e de um David reside dentro de cada um de nós, e o que se sobressai depende simplesmente do que está em jogo em um determinado dia. Queremos ganhar? Queremos descansar? Queremos afirmar a superioridade moral? Bem-vindos, Susan e David. O único poder forte o suficiente para transformar o coração egoisticamente rebelde e hipócrita é a graça. A lei não transforma o coração de uma Susan ou de um David. Ela só os endurece em orgulho e desespero.

A História do Pai Acolhedor

Muitos de nós estamos familiarizados com a história que Jesus contou, registrada em Lucas 15:11-32:

> "Certo homem tinha dois filhos; o mais moço deles disse ao pai: Pai, dá-me a parte dos bens que me cabe. E ele lhes repartiu os haveres. Passados não muitos dias, o filho mais moço, ajuntando tudo o que era seu, partiu para uma terra distante e lá dissipou todos os seus bens, vivendo dissolutamente. Depois de ter consumido tudo, sobreveio àquele país uma grande fome, e ele começou a passar necessidade. Então, ele foi e se agregou a um dos cidadãos daquela terra, e este o mandou para os seus campos a guardar porcos. Ali, desejava ele fartar-se das alfarrobas que os porcos comiam; mas ninguém lhe dava nada.

Então, caindo em si, disse: Quantos trabalhadores de meu pai têm pão com fartura, e eu aqui morro de fome! Levantar-me-ei, e irei ter com o meu pai, e lhe direi: Pai, pequei contra o céu e diante de ti; já não sou digno de ser chamado teu filho; trata-me como um dos teus trabalhadores. E, levantando-se, foi para seu pai. Vinha ele ainda longe, quando seu pai o avistou, e, compadecido dele, correndo, o abraçou, e beijou. E o filho lhe disse: Pai, pequei contra o céu e diante de ti; já não sou digno de ser chamado teu filho. O pai, porém, disse aos seus servos: Trazei depressa a melhor roupa, vesti-o, ponde-lhe um anel no dedo e sandálias nos pés; trazei também e matai o novilho cevado. Comamos e regozijemo-nos, porque este meu filho estava morto e reviveu, estava perdido e foi achado. E começaram a regozijar-se.

Ora, o filho mais velho estivera no campo; e, quando voltava, ao aproximar-se da casa, ouviu a música e as danças. Chamou um dos criados e perguntou-lhe que era aquilo. E ele informou: Veio teu irmão, e teu pai mandou matar o novilho cevado, porque o recuperou com saúde. Ele se indignou e não queria entrar; saindo, porém, o pai, procurava conciliá-lo. Mas ele respondeu a seu pai: Há tantos anos que te sirvo sem jamais transgredir uma ordem tua, e nunca me deste um cabrito sequer para alegrar-me com os meus amigos; vindo, porém, esse teu filho, que desperdiçou os teus bens com meretrizes, tu mandaste matar para ele o novilho cevado. Então, lhe respondeu o pai: Meu filho, tu sempre estás comigo; tudo o que é meu é teu. Entretanto, era preciso que nos regozijássemos e nos alegrássemos, porque esse teu irmão estava morto e reviveu, estava perdido e foi achado".

Embora essa parábola seja geralmente conhecida como "o filho pródigo", um nome melhor para ele poderia ser algo como "o pai acolhedor". Por que "pai acolhedor"? Porque a lição surpreendente dessa parábola é que um pai totalmente bom acolhe dois filhos ímpios que eram aparentemente muito diferentes, mas interiormente, exatamente o mesmo.

Um dos filhos era como nosso pequeno David: cansado de ser o caçula, ansioso para provar o seu valor, negligente quanto às regras. Ele partiu com a sua herança para se livrar da sombra da bondade esmagadora de seu irmão. E ele cumpriu seu objetivo. Ele passou de uma posição elevada na comunidade para um lugar mais e mais inferior, até chegar a um cocho de porcos. Ele havia se degradado completamente; estava desolado, morrendo de fome e desesperado por socorro. Crianças como David quebrarão seu coração.

O outro filho era como a nossa Susan. Ele amava se sentir certo e se orgulhava de si mesmo no cumprimento das regras. E agora que seu irmão havia partido, ele realmente apreciava o fato de que havia ganhado a batalha de "melhor filho" também.

Ele sentiu que tinha finalmente e plenamente assegurado as bênçãos de seu pai.

Se a criação de seus filhos é moralista, como é a maioria, filhos como David quebrarão seu coração, mas filhos como Susan farão você se sentir orgulhoso. É somente quando você cria com graça que a carência dos dois filhos se torna aparente. Os filhos que o envergonham e os que o tornam orgulhoso devem ser ambos instruídos na verdade mais profunda do pai acolhedor: a misericórdia triunfa sobre a lei.

Assim, embora os dois filhos sejam parte integrante da história, eles não são os personagens principais. Não, o personagem principal dessa história é o pai que acolhe com alegria tanto a Susan quanto o David para a sua mesa. Ouça o coração do pai na descrição de Cristo em sua acolhida ao filho mais novo: "Vinha ele ainda longe, quando seu pai o avistou, e, compadecido dele, correndo, o abraçou, e beijou" (Lc. 15:20). O pai abraça calorosamente seu filho malcheiroso, esquelético e desamparado, e a primeira coisa que ele faz é restabelecer o seu lugar na família. Ele lhe dá o anel, o manto, a festa.

As Susans do mundo não estão ansiando o retorno de seu irmão errante. Não, claro que não. Elas estão fora, trabalhando. E estão cheios de ressentimento orgulhoso da festa de boas-vindas que o pai preparou para o filho. Mas qual é a resposta do pai para tal arrogância? "Saindo, porém, o pai, procurava conciliá-lo" (Lc. 15:28). Os braços do pai estão bem abertos: "Meu filho, tu sempre estás comigo; tudo o que é meu é teu" (v. 31).

As boas-vindas de amor do Pai estendem-se a ambos os filhos, embora nenhum deles seja digno ou merecedor em qualquer aspecto. O pai tem uma regra superior, uma lei maior: o amor misericordioso. Nossos filhos, tanto os "maus" quanto os "bons", precisam ouvir a súplica do pai: "Meus braços estão abertos para você; tudo o que é meu é teu. Venha e deleite-se em minha generosa misericórdia".

Ressentir-se da Generosidade de Deus – Quem Faria Isso?

No final de outra parábola, após descrever trabalhadores descontentes em uma vinha (Mt. 20:1-16), Jesus apresenta duas perguntas penetrantes: "Porventura, não me é lícito fazer o que quero do que é meu? Ou são maus os teus olhos porque eu sou bom?" (v. 15). Nenhum de nós jamais diria que nos ressentimos da generosa misericórdia de Deus, não é? Quando paramos e consideramos a nossa salvação, somos preenchidos por gratidão pela sua generosidade. Sabemos que fomos salvos somente pela graça por meio da fé.

Mas será que essa gratidão pela graça chegou até o modo como criamos nossos filhos? Será que na nossa forma de criar filhos fingimos que Deus age por meio das nossas regras? Será que acreditamos que ele é obrigado a conceder os seus dons de uma forma que coincida com o nosso senso de certo e errado? Veja como esse erro pode se mostrar em nossas crenças fundamentais: estamos muito confortáveis pensando: "Boa criação, bons filhos", não é? E nós ensinamos a nossos filhos esta máxima: "Bom comportamento, sorriso de Deus".

Esse foi o erro que os trabalhadores descontentes dessa parábola cometeram. Eles pensaram que deveria haver uma correlação de um-para-um entre o seu trabalho e a recompensa do mestre. Assim, quando o mestre se recusou a concordar com as suas expectativas, eles ficaram com inveja e raiva. O problema, claro, é que Deus não é uma máquina de venda automática cósmica (supondo que tenhamos moedas suficientes para fazer qualquer diferença para ele). E, felizmente, a lei não é tudo o que há. Há algo mais, algo que se sobrepõe à lei – há a felicidade e o deleite de Deus em sua generosa misericórdia. Há graça.

O Evangelho é para Pecadores

Então, como podemos ensinar nossos filhos a se alegrarem na misericórdia e no amor generosos de Deus? Sabemos que precisamos educá-los nas regras para a obediência; isso é óbvio. Mas como podemos ensiná-los sobre algo tão fora da norma, como a alegria de Deus em ser misericordioso para com pecadores?

A primeira maneira de fazer isso é perceber e confessar a nossa propensão a viver como um dos dois filhos. Confesse ao seu David que você também quebra regras e que você sempre se justifica por fazê-lo. Ao mesmo tempo, confesse a Susan que você também adora depender das regras e se sentir superior aos outros.

Falar especificamente sobre as maneiras como você é, simultaneamente, orgulhoso e desobediente ajudará seus filhos a entenderem que *o evangelho* é para *pecadores*. O evangelho não é uma boa notícia para aqueles que se orgulham do seu trabalho árduo. É uma notícia enfurecedora. Mas é uma boa notícia para aqueles que agem como o irmão mais novo, que são tentados a se afastarem da fé bem cedo porque pensam que o evangelho não é para pecadores. Eles pensam que é para pessoas boas que gostam de ser "bons samaritanos".

A confissão consistente, transparente e específica do pecado ajudará os filhos a verem como seus pais lutam contra o pecado da mesma maneira que eles. Essa dinâmica é especialmente importante se há o tipo de irmão mais velho muito bem sucedido em casa. Ensinar ao David que ele, a Susan, a mamãe e o papai estão todos perdidos, todos doentes, todos necessitados de salvação é tão crucial, que dizer coisas como: "Por que você não pode ser mais parecido com Susan?" obscurece a mensagem do evangelho. Isso diz ao David que há algo intrinsecamente errado com ele que não está errado com a Susan. Isso destrói a sua esperança de alguma vez ouvir a bênção da bondade de Deus sobre a sua vida. Produz incredulidade e desespero. E isso está errado.

Deus tem grande alegria em receber Davids famintos e imundos em sua mesa. E porque eles sentem sua perdição tão intensamente, eles podem mais facilmente reconhecer a necessidade que têm de um Salvador. Suas vidas são geralmente mais bagunçadas e dramáticas, mas eles também são mais autênticos e podem ser muito usados pelo Senhor porque sabem do tanto que foram perdoados.

Por mais que o David precise ouvir sobre a sua luta contra o pecado, a Susan precisa ainda mais. Ela é geralmente daquele tipo que busca agradar aos pais e gosta honestamente de fazer você feliz, pensando que a sua felicidade e a de Deus são análogas. O que ela precisa perceber desesperadamente é que seus pais são profundamente pecadores, ainda que o evangelho tenha feito com que eles amem a santidade. A confissão específica do orgulho, julgamento, crítica, inveja e ambição egoísta ajudará Susan a entender suas próprias propensões a falhar nas mesmas coisas, ao passo que, elogiar Susan por ser uma "boa menina" produzirá orgulho tóxico em seu coração. Isso lhe ensinará que ela não é tão má assim. Ela não reconhecerá a necessidade de um Salvador, embora ela possa dizer que é cristã. O que Susan precisa ouvir? Ela precisa ouvir que o seu desejo de provar o próprio valor é um dos maiores obstáculos à fé que ela poderá enfrentar.

É claro que a nossa confissão de pecado deve ser moderada pela sabedoria. Não queremos jamais confessar a nossos filhos que nós realmente não gostamos muito deles ou que desejamos que nunca tivessem nascido. Esse tipo de informação não os abençoará com a liberdade para admitirem o próprio pecado ou para confiarem em nós.

Além disso, devemos ter cuidado com as categorias de pecado que confessamos. Há certos pecados que as crianças não podem compreender ou que são assuntos privados entre os adultos da família. Uma boa regra para a confissão é que é apropriado confessar qualquer pecado que tenha se tornado consciente para as crianças ou qualquer pecado que as tenha afetado pessoalmente. Se você se irou pecaminosamente porque o seu tempo à beira da piscina foi interrompido, você pode revelar plenamente o seu coração para os seus filhos e lhes pedir perdão e que orem por você. Quando eles escutarem você falar de uma maneira arrogante e cruel sobre alguém, você também pode confessar isso.

A maioria dos pais sabe o suficiente para confessar sua ira a seus filhos. Mas será que confessamos regularmente nossa justiça própria e orgulho? Depois de dizer algo como: "Eu não acredito que você faria algo assim!", ou agir com uma ligeira frieza seguida por um olhar de desaprovação, deveríamos falar o seguinte: "Por favor, perdoe-me por esquecer que você e eu somos a mesma coisa. Nós dois pecamos. Quando eu digo coisas assim, estou sendo hipócrita e esquecendo que Jesus teve que morrer pelos meus pecados também. Tenho certeza de que as minhas palavras foram humilhantes, mas isso não é tudo. Elas também foram contra a verdade do evangelho. Por favor, perdoe-me e ore por mim para que o Senhor me ajude a lembrar de todas as maneiras como eu também peco, e para que ele me torne humilde e grato pela graça".

Chamando Todos os Pecadores
Na seguinte narrativa vemos tanto Susan quanto David. Como o Salvador conforta e confronta cada um deles?

E sucedeu que, estando ele em casa, à mesa, muitos publicanos e pecadores vieram e tomaram lugares com Jesus e seus discípulos. Ora, vendo isto, os fariseus perguntavam aos discípulos: Por que come o vosso Mestre com os publicanos e pecadores? Mas Jesus, ouvindo, disse: Os sãos não precisam de médico, e sim os doentes. Ide, porém, e aprendei o que significa: Misericórdia quero e não holocaustos; pois não vim chamar justos, e sim pecadores [ao arrependimento].
(Mt. 9:10-13)

Ecoando o profeta Oséias, Jesus virou tudo de cabeça para baixo em nosso mundo de recompensas por mérito. Em vez de elogiar aqueles que eram aparentemente bons, ele os humilhou. Embora eles se orgulhassem de ser bons e obedecer à lei, eles tinham interpretado de forma completamente errada a natureza e o propósito de Deus. Essa ignorância calcificou seus corações, despojando-os do amor por Deus e cegando-os para as necessidades do próximo. Eles não viram a necessidade que tinham de salvação e perderam o dia da sua visitação (Lc. 19:44). Somente pecadores que sabem que são pecadores ouvirão a palavra "misericórdia". Susan e David precisam saber que são pecadores – que o evangelho é para pecadores – e que existe um salvador que ama derramar misericórdia sobre aqueles que não podem ajudar a si mesmos.

Dê graça aos seus filhos hoje, falando sobre pecado e misericórdia. Diga à Susan que ela pode descansar no abraço amoroso de Deus e parar de pensar que ela precisa realizar algo, a fim de fazer com que seu Pai acolhedor a ame. Diga ao David que ele pode ter esperança de que, embora realmente se esforce, ele é exatamente o tipo de pessoa que Jesus amava ter por perto. Fascine-os com o amor dele.

Fica óbvio perceber como é fácil para os pais serem tanto pródigos preguiçosos quanto fariseus exigentes – no mesmo dia! Somos preguiçosos e apáticos quando preferimos sentar à beira da piscina e apenas dar às crianças um tempo de castigo quando elas brigam ou, melhor ainda, simplesmente ignorá-las e esperar que elas resolvam tudo por conta própria. Quem quer reservar um tempo para falar sobre qualquer coisa? Elas nunca ouvem mesmo. Quando é o nosso dia de descanso? Por outro lado, estamos buscando guardiões de regras quando tomamos a lei de Deus e incessantemente batemos com ela em suas cabeças: "Deus diz que você deve ser honesto e nunca trapacear. Eu não acredito que você pecaria assim! Você não sabe que trapacear é como mentir, e que mentirosos vão para o inferno?" Ou: "Susan, você é sempre tão cruel. Eu acho que você precisa memorizar de novo aquela passagem de Efésios 4 sobre a bondade. Vá fazer isso e, então, volte quando você estiver realmente arrependida. Agora, vá pedir desculpas a seu irmão".

O que é verdadeiramente surpreendente é que Jesus Cristo ama tanto os transgressores quanto os guardiões de regras. E por causa da perfeita obediência de seu Filho, ambos podem ser chamados de "filhos amados". Quando o crente transgressor da lei peca, ele pode olhar para cima e dizer: "Jesus é a minha justiça". E quando o crente guardião de regras percebe sua autojustiça, ele também pode olhar para cima e dizer: "Jesus é a minha justiça".

Não os Impeça

Nós nos sentamos juntos no banco de balanço, aconchegando-nos sob o cobertor em nosso colo, e cantamos. Nós cantamos muitas canções, mas a que nós mais amamos é esta:

> Cristo me ama, eu bem sei,
> Pois a Bíblia assim me diz.
> Os pequeninos a ele pertencem,
> Eles são fracos, mas ele é forte.[2]

Que conforto é descansar no conhecimento de que, apesar de sermos fracos, seu amor é forte o suficiente para nos receber em seu colo. Aqui está a preciosa passagem na qual temos um vislumbre deste doce amor:

> Então, lhe trouxeram algumas crianças para que as tocasse, mas os discípulos os repreendiam. Jesus, porém, vendo isto, indignou-se e disse-lhes: Deixai vir a mim os pequeninos, não os embaraceis, porque dos tais é o reino de Deus. Em verdade vos digo: Quem não receber o reino de Deus como uma criança de maneira nenhuma entrará nele. Então, tomando-as nos braços e impondo-lhes as mãos, as abençoava. (Mc. 10:13-16)

Você consegue imaginar essa cena? Aqui estão os discípulos, cheios de ambição e justiça própria. *Crianças? Mulheres trazendo crianças? Oh, não. Crianças são, bem, crianças, e elas não são realmente importantes no grande esquema das coisas. Elas não aprenderam tudo o que sabemos sobre como se dar bem com Deus. Subindo em seu colo? Nunca!*

Os discípulos tinham falhado no exame de admissão do reino. Assim como os líderes religiosos, como o irmão mais velho, como Susan, como a maioria de nós, eles assumiram que ser importante, adulto, responsável e bom era a maneira de chegar perto de Deus. Eles estavam errados. Você consegue ver o choque e a admiração deles quando ele abriu os braços e puxou os pequenos para o seu colo? Ele ouviu as suas histórias. Ele os aproximou de si. Ele sorriu calorosamente. Ele riu de suas piadas. Elas não tinham nada para oferecer, nada para dar a ele. Tudo o que elas tinham era um amor responsivo, humilde e bagunçado. Elas o amavam, porque ele as amou. E seu amor era tudo o que precisavam.

Jesus ficou indignado com seus discípulos por tentarem impedir as crianças de irem a ele. Como podemos impedir as crianças de irem ao Senhor? Nós recebemos uma pista quando olhamos para o contexto dessa história encaixada entre duas outras. A primeira é sobre o fariseu e o publicano que subiram para orar. Lucas nos diz que o ponto da parábola é que algumas pessoas confiavam ser justas (tratando os outros com desprezo), enquanto outras traziam apenas um apelo por misericórdia, um apelo que era rapidamente atendido.

O publicano, estando em pé, longe, não ousava nem ainda levantar os olhos ao céu, mas batia no peito, dizendo: Ó Deus, sê propício a mim, pecador! Digo-vos que este desceu justificado para sua casa, e não aquele; porque todo o que se exalta será humilhado; mas o que se humilha será exaltado. (Lc. 18:13-14)

Nós impedimos nossos filhos de desfrutarem do acolhimento de Deus quando lhes ensinamos que a atividade religiosa e a obediência os elevam para fora da categoria de pecador que precisa de misericórdia. Essa foi a atitude tanto dos discípulos quanto dos líderes religiosos. Mulheres, crianças, pecadores, gentios, deficientes e pobres eram todos marginalizados e insignificantes. Mas era exatamente esse tipo de pessoa que o Senhor amava trazer ao seu acolhimento. Nós impedimos nossos filhos de virem para ele quando inadvertidamente lhes ensinamos que as boas-novas são destinadas a pessoas boas.

A história que se segue ao encontro de Jesus com aquelas mães e crianças é sobre um jovem rico que havia feito tudo o que seu pai lhe dissera. Ele era um bom menino que havia se tornado um homem bom. Ele era o irmão mais velho especial, que queria acrescentar o bom ensino de Jesus ao seu portfólio. Ele pensou que poderia realizar as obras de Deus. Ainda assim, ele tinha uma espécie de senso minucioso de que não era tão justo, pois estava à procura de conselhos sobre a vida eterna. Cumpridores da lei *nunca* têm plena certeza, pois eles conhecem o próprio coração. Lá no fundo, escondida em um armário trancado no coração do jovem rico, estava a verdade de que ele nunca havia obedecido perfeitamente. Será que ele seria capaz de olhar além da sua autojustiça em direção à misericórdia?

Nós lemos a história dele em Lucas 18:18-27. Aproximando-se de Jesus, o jovem lhe perguntou: "Bom Mestre, que farei para herdar a vida eterna?" Deixando de lado a contradição entre realizar obras e ganhar uma herança, Jesus fez uma pergunta mais profunda: "Por que me chamas bom? Ninguém é bom, senão um, que é Deus". Jesus começa confrontando a autoconfiança do homem ao interrogá-lo: *Você está dizendo que eu sou Deus? Você sabe que você não é bom?* O Senhor, então, recitou cinco dos dez mandamentos, aos quais esse jovem respondeu: "Tudo isso tenho observado desde a minha juventude" (v. 21). Imagine isso. Esse jovem realmente pensava que era bom. Ele nunca havia tomado algo que pertencesse a outra pessoa – esposa, vida ou bens; ele nunca havia mentido, e sempre havia honrado seus pais. Que currículo! Claro, Jesus propositadamente não perguntou a respeito das leis sobre adoração, falsos deuses e cobiça, preferindo dar tempo a esse jovem rico para pensar. Então Jesus bateu o martelo de Deus, e o golpe mortal foi dado: "Uma coisa ainda te falta: vende tudo o que tens, dá-o aos pobres e terás um tesouro nos céus; depois, vem e segue-me" (v. 22).

Em menos de um minuto, Jesus aniquilou décadas de um cumprimento meticuloso da lei. *Veja, há apenas um pequeno problema. Você não ama seu próximo e você não ama a Deus. Você ama a sua bondade e as suas riquezas. Você acha que é bom, mas na verdade você está arruinado e cheio de pecado.* Jesus intencionalmente ordenou que ele fizesse algo que não estava disposto e era incapaz de fazer. Esse homem não conseguia renunciar ao que amava, tanto quanto um camelo não é capaz de passar pelo buraco de uma agulha – e ele sabia disso. Jesus teve a intenção de quebrá-lo. Qual foi a reação do nosso jovem querido? "Ficou muito triste, porque era riquíssimo" (v. 23).

A reação das pessoas que escutavam este incidente foi de absoluto espanto. *Uau! Se esse bom rapaz que tem tudo a seu favor e é tão religioso não pode ser salvo, quem pode?* Em outras palavras, se pessoas boas e ricas não são capazes de entrar no céu, que esperança nós temos? Quem entrará no céu? Somente as pessoas que foram feitas para saber que precisam de misericórdia. Jesus responde: "Os impossíveis dos homens são possíveis para Deus" (v. 27).

Com Deus Nada é Impossível

Podemos imaginar que alguns de vocês estejam se sentindo como se tivessem feito tudo errado. Você pode olhar para os seus erros, ou ficar desconfortavelmente ciente de que deixou passar a mensagem da graça. Então aqui está um pouco de graça evangélica para você: como pais, a nossa única esperança para a salvação de nossos filhos está na rica misericórdia de um Deus compassivo e na obra expiatória de nosso representante perfeito, Jesus Cristo. Assim, quando nós, de forma consistente e sem qualquer vergonha, lançamo-nos na misericórdia de Deus, ajudamos nossos filhos a colocarem sua esperança nele também.

Nós lhes ensinaremos que essa é uma esperança para que "forte alento tenhamos nós que já corremos para o refúgio" (Hb. 6:18). Esta esperança é a "âncora da alma, segura e firme e que penetra além do véu, onde Jesus, como precursor, entrou por nós, tendo-se tornado sumo sacerdote para sempre" (vv. 19-20). É uma esperança construída sobre nada menos do que o sangue e a justiça de Jesus:

> Minha esperança é construída sobre nada menos
> do que o sangue e a justiça de Jesus.
> Não me atrevo a confiar na mais doce condição,
> mas totalmente confiar no nome de Jesus.[3]

Nós não ousamos confiar em nossos doces esforços ou em suas mais doces reações. Em vez disso, confiamos totalmente no nome de Jesus. Ele é amoroso. Ele é bom. Ele é poderoso. Ele já fez tudo.

Ao encerrarmos este capítulo, queremos deixar uma mensagem reconfortante que nunca deve ser esquecida: *os discípulos não puderam impedir as crianças de chegarem a ele, embora eles tenham tentado.* Quando Deus chama nossos filhos para chegarem a ele, mesmo que não tenhamos entendido tudo perfeitamente, mesmo que tenhamos criado pequenos fariseus ou tenhamos uma casa cheia de filhos pródigos, nada é impossível para ele. Ele pode penetrar todos os nossos métodos falhos e redimir todos os nossos erros frágeis. O mundo nos diz que o sucesso de nossos filhos depende do nosso sucesso. O mundo não sabe nada sobre a habilidade de Deus de usar as nossas falhas como meios para abençoar. "Os impossíveis dos homens são possíveis para Deus" (Lc. 18:27).

Assim, ainda que desejemos ser aqueles que colocam seus filhos no colo da misericórdia de Deus, e mesmo que tropecemos tanto ao tentar fazê-lo, Jesus é forte o suficiente para levantar cada um de nós e nos levar por todo o caminho. Pais também são fracos, mas Jesus é forte. Ninguém, nem mesmo você, pode frustrar seu propósito de abençoar aqueles que são dele (Ef. 1:11).

Relembrando a Graça de Deus
Por favor, não ignore o que o Espírito Santo possa estar fazendo em seu coração ao longo deste capítulo. Por favor, reserve um tempo para pensar profundamente sobre o assunto e responder às seguintes perguntas.

1) Você tem ignorado a necessidade que seus pequenos fariseus têm de um Salvador? Como você pode ajudar os fariseus em sua casa a enxergarem a maior lei?
2) Ensinar seus filhos a respeito do generoso amor e misericórdia de Deus é uma maneira nova de criação de filhos para você? Como? Você está mais preocupado em ensiná-los sobre a obediência?
3) Como podemos ensinar aos nossos filhos que o evangelho é para pecadores?

4) Você tem impedido seus filhos de chegarem a Jesus? De que maneira?
5) Ao olhar para a nossa forma de criação de filhos, de onde vem o nosso único conforto?
6) Resuma em três ou quatro frases o que você aprendeu neste capítulo.

Parte Dois

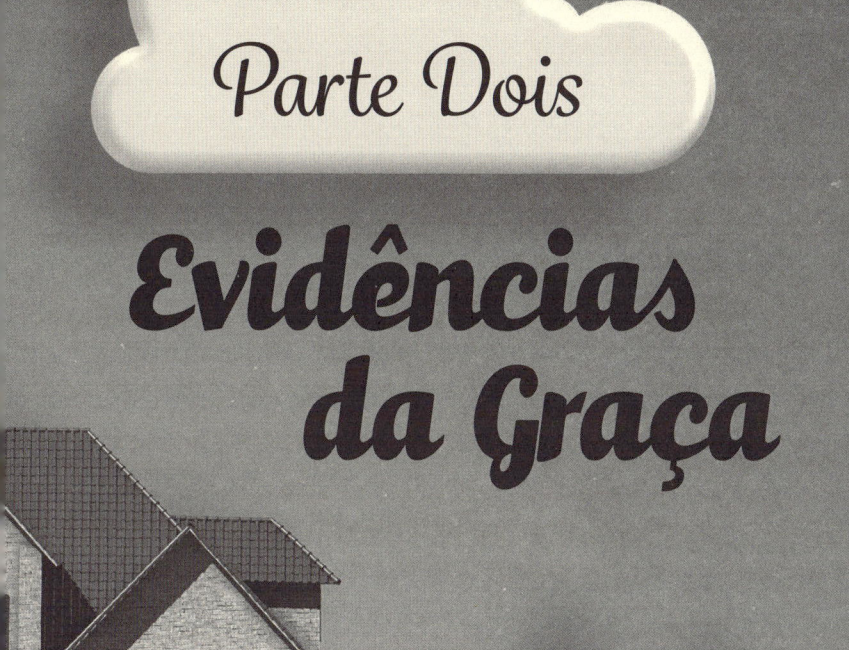

Evidências da Graça

Capítulo Cinco
Graça que Educa

A graça não proíbe dar direções, promessas, correções e advertências. Somente a crueldade proibiria tal ajuda.
– Bryan Chapell[1]

Ao longo dos quatro capítulos anteriores, nós o bombardeamos com uma mensagem: dê graça aos seus filhos. Nós o encorajamos a fasciná-los com a mensagem do amor e acolhimento de Cristo e, então, quando você tiver certeza de que eles estão se cansando disso, volte e encha-os com isso novamente. Mergulhe suas pequenas almas ressequidas nas bênçãos das boas-novas: *Jesus Cristo já fez todo o trabalho que precisava ser feito*. Quando, em grande alívio da excruciante agonia de alma, ele declarou "Está consumado", realmente estava. Essa é a mensagem que nós e nossos filhos precisamos ouvir vez após vez.

Lembramos você disso porque todo coração humano é sempre atraído pela lei. Da mesma maneira que a limalha de ferro é atraída por um ímã, nossos corações perseguem as regras – não porque realmente as obedeçamos alguma vez, mas porque pensamos que elas tornam a vida gerenciável. Regras nos elevam à posição de legislador; elas nos ajudam a evitar a humilhação de nos prostrarmos diante de uma cruz sangrenta e desprezível. Nós amamos tentar a nossa própria aprovação e controlar os outros, gerando mais e mais regras. "Nosso desejo de agradar a Deus, combinado com a inclinação humana de provar a própria aceitação por controle e comparação com outros, torna-nos fábricas da legislação humana".[2]

"Fábricas da legislação humana" – sim, isso é certamente o que nós somos. Nós amamos milhares de regras, quadros e cartazes afixados. Nós confiamos nisso para nos ajudar a tornar a vida organizada, controlável e arrumada. Está com algum problema? Faça uma regra! Mas será que, ao depreciarmos as regras, estamos dizendo que todas as regras devem ser evitadas? Será que a graça nega a necessidade de lei? Deveríamos simplesmente ignorar o comportamento de nossos filhos e falar apenas do amor de Deus? Será que a graça de verdade é assim mesmo?

Graça que Disciplina

"A graça não proíbe dar direções, promessas, correções e advertências. Somente a crueldade proibiria tal ajuda".[3] Pais devem disciplinar, instruir, ensinar e educar seus filhos. Apenas um desapego frio ou um desdém egoísta pela necessidade desesperada de direção dos filhos nos levaria a recusar educá-los. Seria uma falha catastrófica de amor se os deixássemos por conta própria. Na verdade, seria uma negação completa do relacionamento e responsabilidade familiar.

> Se estais sem correção, de que todos se têm tornado participantes, logo, sois bastardos e não filhos. (Hb. 12:8)

A disciplina prova o relacionamento. Instrução demonstra amor. A graça não é avessa à educação. Na verdade, uma das funções da graça é a educação na justiça:

> Porquanto a graça de Deus se manifestou salvadora a todos os homens, *educando-nos* para que, renegadas a impiedade e as paixões mundanas, vivamos, no presente século, sensata, justa e piedosamente, aguardando a bendita esperança e a manifestação da glória do nosso grande Deus e Salvador Cristo Jesus, o qual a si mesmo se deu por nós, a fim de remir-nos de toda iniquidade e purificar, para si mesmo, um povo exclusivamente seu, zeloso de boas obras. (Ti. 2:11-14)

Na passagem anterior, Paulo nos mostra como a graça nos educa. Primeiro, ela nos educa lembrando-nos de tudo o que Deus já fez por nós em Cristo: ele se manifestou a nós; ele nos trouxe a salvação; ele nos remiu, purificou e comprou, e prometeu voltar por nós; e ele está nos mudando para que possamos ser zelosos de boas obras. É nesse contexto de declarações do evangelho que a educação na disciplina, ou obrigação do evangelho, é dada: por causa do seu grande amor, devemos renegar a impiedade e as paixões mundanas e viver vidas piedosas, justas e sensatas. Paulo não se cansa de nos lembrar das declarações do evangelho. Mas ele também nunca ignora a nossa resposta obrigatória. O Espírito Santo nos ensina sobre as glórias de Jesus, *e* ele nos educa para sermos santos. A graça nos educa para descansarmos no que Cristo fez por nós *e* para vivermos uma vida de piedosa gratidão.

A todos os pais, quer tenham experimentado a graça ou não, foi dado o grande privilégio e responsabilidade de serem os principais professores de seus filhos. Durante as primeiras poucas horas de vida, a mãe ensina seu filho a confiar nela para suprir suas necessidades físicas. Ela o ensina a mamar, ela o embala de forma que ele se sinta aquecido, seguro e amado. Enquanto ele cresce, pais piedosos continuarão a prover-lhe e a embalá-lo em disciplina amorosa, como também irão ajudá-lo a provar e a ver que o Senhor é bom (Sl. 34:8). É a bondade de Deus para com a humanidade que ele dá aos pais. É a graça dele que nos ensina como educá-los.

Disciplina e Admoestação do Senhor

Tendo em vista o número de livros escritos sobre criação de filhos, a seguinte afirmação pode parecer um tanto chocante: *existem apenas duas passagens no Novo Testamento que dão ordens diretas a respeito disso.* Ambas são concisas, diretas e dadas sem qualquer explicação profunda. Ambas contêm um aviso aos pais (e, por implicação, às mães que educam os filhos ao lado deles). A primeira é Efésios 6:4: "Pais, não provoqueis vossos filhos à ira, mas criai-os na disciplina e na admoestação do Senhor". A segunda é Colossenses 3:21: "Pais, não irriteis os vossos filhos, para que não fiquem desanimados".

Ainda que essas duas ordens pareçam muito básicas e simples, talvez tenhamos falhado em apreender o seu verdadeiro significado. Talvez a chave para entender a disciplina e a admoestação nitidamente cristãs seja encontrada nas simples palavras que a maioria de nós não leva em conta ao ler os versículos anteriores: "do Senhor". Aqui está a passagem de Efésios novamente, "Pais, não provoqueis vossos filhos à ira, mas criai-os na disciplina e na admoestação *do Senhor*".[4]

De um modo geral, sempre que Paulo usa a expressão "do Senhor", ele está se referindo especificamente ao Senhor Jesus Cristo.[5] Agora, pare e pense conosco por um momento. Será que a singularidade da criação cristã dos filhos seria mais clara para você se essa passagem dissesse: "Pais, não provoqueis vossos filhos à ira, mas criai-os na disciplina e na admoestação de Jesus Cristo"? Será que essa reformulação estimularia você a pensar mais especificamente sobre ele, sobre a sua obra? Como seriam a disciplina e a instrução de Jesus? Ao sugerir essa mudança no texto, não estamos dizendo que sabemos melhor que o Espírito Santo como elaborar as Escrituras. É simplesmente que a expressão "do Senhor" tornou-se banal para muitos de nós. Dificilmente a vemos quando lemos. Ela não tem o mesmo peso para nós que tinha para eles. Quando eles ouviram-na, ela era nova, surpreendente e destruidora de paradigmas. *Do Senhor?*, eles se perguntavam: *O que isso significa?* Os judeus sabiam como era a disciplina e a admoestação dos rabinos. Os gregos entendiam a disciplina e a admoestação dos filósofos. Mas a disciplina e a admoestação *do Senhor? De Jesus?* O que era isso?

Para ajudá-lo a entender melhor o que implica esta forma de criação de filhos "do Senhor", imaginemos por um momento que, em vez disso, Paulo tenha escrito esta frase: "Pais, criai-os na disciplina e na admoestação da lei". De que forma essas duas palavras, "da lei", mudariam o foco e o método da sua maneira de criar filhos? Será que elas mudariam alguma coisa?

Por outro lado, no antigo Oriente Próximo, crianças gentias (efésias, colossenses) eram educadas na disciplina e admoestação "dos filósofos gregos". Elas eram instruídas na lógica e na retórica e ensinadas a como definir e viver uma boa vida com base nos ensinamentos de homens como Aristóteles, Sócrates e Platão. A mensagem nova e radical da graça virou de cabeça para baixo tudo o que se acreditava sobre criação de filhos. Eles se perguntavam a mesma coisa que você. "'Do Senhor' – o que significa isso?"

Nem judeus nem gregos teriam naturalmente empregado a educação que era "do Senhor". Essa expressão teria sido peculiar a eles. Paulo queria que fosse assim. Aqueles mergulhados na lei e aqueles mergulhados em filosofias do mundo teriam que pensar profundamente sobre as implicações das boas-novas à medida que procuravam criar fielmente seus filhos – exatamente como nós fazemos. Aqui estão algumas perguntas esclarecedoras que podem ajudá-lo a compreender melhor como é a forma de criação de filhos "do Senhor":

- *Como a encarnação muda a forma como você fala com seus filhos?* Deus tornou-se uma criança. Esse ato único de condescendência e identificação deveria nos fazer parar de uma vez por todas de denegrir crianças. A encarnação os teria surpreendido. Para eles, as crianças eram consideradas bens, propriedade a ser descartada conforme os caprichos de um pai.
- *E acerca da ressurreição?* Será que a verdade da vitória de Cristo sobre o pecado e a morte faz alguma diferença quando nossos filhos lutam contra o pecado constante? Como? Na ressurreição, Jesus trouxe justificação para aqueles que creem, inclusive nossos filhos crentes (Rm. 4:24-25). Se eles são justificados, Deus olha para eles, não apenas como aqueles que nunca pecaram, mas como aqueles que sempre obedeceram. Como é que essa verdade mudaria a sua maneira de criar filhos?
- *Você alguma vez os ajudou a compreender o que a ascensão e o reinado permanente de Cristo significam quando o melhor amigo deles se muda para outra cidade?* O que significa o sacerdócio eterno do Deus-Homem quando eles sofrem perda? Que ele está "vivendo sempre para interceder por eles" (Hb. 7:25) e o fato de que ele sofreu em todos os sentidos pode trazer conforto profundo para uma criança que se sente sozinha e sem amigos.

Aprender a aplicar as verdades da encarnação, vida sem pecado, morte substitutiva, ressurreição corporal, ascensão, reinado e retorno do Senhor Jesus Cristo é o que significa criar seus filhos na disciplina e admoestação "do Senhor". Infelizmente, poucos de nós começamos a fazer isso realmente. Em vez disso, assim como os pais antes de nós, instruímos as crianças na tradição de nossos rabis favoritos e da psicologia popular. Precisamos aprender o que significa a forma de criação de filhos "do Senhor".

Em Efésios, Paulo emprega duas palavras diferentes: *disciplina* e *admoestação*. A palavra para disciplina, *paideia*, significa "nutrir, educar ou *instruir*", e a palavra para admoestação, *nouthesia*, significa "chamar a atenção para" ou "repreensão suave", "*correção*" ou "alerta". Em outras palavras, Paulo está dizendo que a forma como os pais cristãos devem criar seus filhos é ensinando, corrigindo e educando-os *na verdade de Jesus Cristo ou a respeito dele*. Paulo está dizendo aos pais que proclamem a mensagem sobre Jesus a seus filhos diariamente, e alerte-os ou repreenda-os quando eles se esquecerem de viver à luz do que Jesus já fez. Ele estava lhes dizendo para unirem todos os aspectos da criação de seus filhos à mensagem do evangelho.

Governar, Nutrir e Amar
Devido ao fato de a Bíblia não ser primariamente um manual sobre educação de filhos, mas a proclamação das boas-novas, e porque as passagens do Novo Testamento que tratam diretamente disso são muito poucas em número (na verdade, apenas

as duas que observamos), nós olharemos para outras quatro passagens que descrevem como seria a criação de filhos "do Senhor", sem realmente darmos orientação sobre como fazer isso.

As duas primeiras dessas passagens descrevem a criação fiel de filhos como uma das qualificações para os líderes masculinos. Em 1 Timóteo 3:4-6,[6] um homem é qualificado para ser considerado para o episcopado se ele tiver "governado" seus filhos, mantendo-os em submissão. Da mesma forma, em 1 Timóteo 3:12-13, um diácono deve ter "governado" bem a sua casa e filhos.[7] Tanto presbíteros quanto diáconos (e suas esposas) são chamados para supervisionarem ou governarem os assuntos espirituais e naturais da igreja. O lar é o campo de treinamento primário para o amadurecimento de um homem em habilidades de gestão. Ali, em casa com sua própria carne e sangue, um pai também aprende a apelar para aqueles sob sua supervisão para responderem de forma submissa à autoridade do Senhor por meio dele.

Os pais cristãos devem *governar* ou supervisionar e admoestar seus filhos.[8] Filhos cristãos devem se submeter ao governo e direção de seus pais. Como podemos ajudar nossos filhos a desenvolverem tal submissão? Um coração submisso é sempre fruto de humildade, uma compreensão de nossa impotência e fragilidade. A humildade que consente ser conduzida, governada e instruída flui de um entendimento da própria perdição e de uma crescente compreensão e confiança na grande oferta de vida por parte de Deus. Apenas a boa-nova do evangelho produz uma humildade de coração verdadeiramente submissa.

A terceira e quarta passagens descritivas se concentram mais especificamente no papel de uma mãe. A primeira dessas duas dá as qualificações de uma viúva merecedora de assistência da igreja. A viúva deve ser considerada digna de apoio da igreja se ela tiver "criado filhos" (1Tm. 5:10). Essa frase grega, também traduzida como "nutrido" ou "alimentado", descreve um dos papéis principais de uma mãe. Mães alimentam e nutrem seus filhos, tanto física quanto espiritualmente. As mulheres são *nutrizes*. Isso está tanto no nosso design físico, nutrimos bebês a partir do nosso próprio corpo, quanto em nossa personalidade, ou seja, procuramos atender, sempre que possível, as necessidades daqueles que estão sob o nosso cuidado. Paulo retratou o próprio ministério entre os tessalonicenses desta mesma forma:

> Todavia, nos tornamos carinhosos entre vós, qual ama que acaricia os próprios filhos; assim, querendo-vos muito, estávamos prontos a oferecer-vos não somente o evangelho de Deus, mas, igualmente, a própria vida; por isso que vos tornastes muito amados de nós. (1Ts. 2:7-8; ver também Is. 66:13)

Encontramos a quarta passagem em Tito 2:4, onde aprendemos que as mulheres mais velhas devem "instruir" as mulheres mais jovens a amarem seus filhos. Pode-se questionar por que as mães precisariam ser instruídas a amarem seus filhos, até que nos lembramos da nossa própria propensão natural para o egoísmo e preguiça. Mulheres mais jovens devem ser encorajadas a gostarem e serem afetuosas com os filhos, em vez de despejarem toda sua afeição sobre si mesmas ou suas amigas.

Resumindo, então, o Novo Testamento ensina indiretamente pais e mães a governarem ou supervisionarem seus filhos; a lhes ensinarem humildade e submissão; a os nutrirem física, espiritual e emocionalmente; e a os amarem muito.

Palavras do Antigo Testamento

Neste momento você pode estar se perguntando sobre todas aquelas passagens do Antigo Testamento que falam a respeito da criação de filhos. Reservemos alguns momentos para examiná-las também, à medida que procuramos construir uma metodologia de criação de filhos que seja bíblica e "do Senhor".

Gênesis 18:19 é a primeira passagem na Bíblia que descreve as responsabilidades de um pai. Deus afirma que o relacionamento com seu filho Abraão começou por escolha de Deus, não de Abraão: "Porque eu o escolhi". Assim, em resposta à escolha graciosa de Deus, Abraão deve ordenar "a seus filhos e a sua casa depois dele, a fim de que guardem o caminho do SENHOR e pratiquem a justiça e o juízo". Por causa da graça inicial de Deus em sua vida, Abraão devia ordenar ou instruir seus filhos a guardarem o caminho do Senhor.

Em outras ocasiões, o Senhor esboça um provável diálogo entre pais e filhos. O Senhor assume que, ao ver seus pais observando um dia de festa ou recitando a lei, a criança perguntará: "O que isso significa?" Observe cuidadosamente que, em todos os casos, a resposta para a questão do significado nunca é primariamente a nossa obrigação, mas sim *promessas* da graça de Deus. Aqui estão alguns exemplos de respostas adequadas e outras instruções que deveriam ser tratadas nas conversas do dia-a-dia:

- "Quando vossos filhos vos perguntarem: Que rito é este? Respondereis: É o sacrifício da Páscoa ao SENHOR, que passou por cima das casas dos filhos de Israel no Egito, quando feriu os egípcios e livrou as nossas casas" (Êx. 12:26-27).
- "Quando teu filho amanhã te perguntar: Que é isso? Responder-lhe-ás: O SENHOR com mão forte nos tirou da casa da servidão" (Êx. 13:14; ver também vv. 15-16; Dt. 6:20-7:1; Js. 4:21-23).
- "Tão-somente guarda-te a ti mesmo e guarda bem a tua alma, que te não esqueças daquelas coisas que os teus olhos têm visto, e se não apartem do teu coração todos os dias da tua vida, e as farás saber a teus filhos e aos filhos de teus filhos" (Dt. 4:9; ver também vv. 10-14).
- Porque o Senhor nos amou e fez promessas grandiosas a nós, devemos ensinar nossos filhos a amá-lo de todo o coração, toda a alma e todo entendimento. Quando deveríamos ensinar isso a eles? Em todo tempo: "Delas falarás assentado em tua casa, e andando pelo caminho, e ao deitar-te, e ao levantar-te" (Dt. 6:7-8; ver também 11:19-21).

- O salmista ansiava declarar "à presente geração a tua força e às vindouras o teu poder. Ora, a tua justiça, ó Deus, se eleva até aos céus. Grandes coisas tens feito, ó Deus; quem é semelhante a ti?" (Sl. 71:18-19).
- "Não o encobriremos a seus filhos; contaremos à vindoura geração os louvores do SENHOR, e o seu poder, e as maravilhas que fez" (Sl. 78:4).

O que já deveria ser nítido agora é que os pais do Antigo Testamento não disciplinavam e admoestavam seus filhos apenas na lei. Eles também deveriam lhes dar as promessas de graça porque eles haviam recebido graça, e somente a graça muda o coração. A lei sempre foi dada *posteriormente* à misericórdia inicial de Deus e sempre no contexto de relacionamento com seus filhos, *nunca* como um meio para ganhar a sua bênção.

(Sabemos que você pode estar se perguntando sobre o papel do livro de Provérbios na forma de criação de filhos "do Senhor". Você também pode estar se perguntando sobre o uso da correção física que Provérbios ordena. Por este ser um tema tão importante, nós dedicamos um capítulo inteiro a ele, vindo logo após este.)

Agora, à luz do que aprendemos sobre criação de filhos até então, aqui estão cinco categorias diferentes sobre as quais falamos: governar, nutrir, instruir, corrigir e prometer. Para ajudá-lo a ver como aplicar na prática essas verdades à sua vida diária, aqui está a forma como elas podem moldar a sua criação de filhos "do Senhor" quando seu filho ou filha estiver infeliz após ter perdido o chute a gol no último minuto de jogo.

Aqui estão as cinco categorias da Tabela 5.1: **Governo**, **Nutrição**, **Instrução**, **Correção** e recitar **Promessas** do evangelho. (No Apêndice 2, fornecemos mais exemplos usando estas tabelas em diferentes situações.)

Governo

Esse é simplesmente um momento para governar seus filhos? Às vezes as crianças só precisam que lhes seja dito o que fazer: "Entre no carro agora", "Não corra na rua", "Termine o seu dever de casa e vá para a cama", "Fique quieto na igreja", "Não jogue a sua chuteira". Governar inclui a instrução nas categorias sociais, cívicas e religiosas sobre as quais falamos no capítulo 1. Uma tabela descrevendo responsabilidades diárias de cada um pode ajudá-lo a governar a casa, mas, mais uma vez, deve-se tomar cuidado para não confundir o cumprimento de regras com a verdadeira justiça cristã. Tabelas sobre como governar podem ajudá-lo a conduzir a casa de forma mais tranquila. Elas também podem se tornar o seu deus. O governo é simplesmente o seu esforço para controlar o comportamento exterior. Ele não se destina a chegar ao coração, embora a obediência de uma criança às regras exteriores *possa* ser evidência de fé. Todo pai deve governar o comportamento do seu filho.

Nutrição

Muitas vezes os filhos precisam apenas da esperança de que há um Deus que os ama e providenciou tudo o que eles precisam.

Alimente suas almas com as verdades do evangelho de como Jesus se importou com eles. Uma mãe, cuja filha estava sendo rebelde, colocava a mesa do café da manhã para ela todos os dias com um pequeno detalhe especial, como uma flor ou algumas cerejas. Mais tarde, sua filha lhe disse que o Senhor havia usado esses pequenos símbolos para derreter o seu coração. Mesmo que seu filho se recuse a abrir-se para você ou a ouvi-lo, você ainda pode nutrir o seu coração.

Instrução
As crianças também precisam aprender de que forma o evangelho se aplica às circunstâncias que estão enfrentando e quais seriam as respostas apropriadas. Por exemplo, você poderia dizer algo assim:

> Sim, perder é difícil, especialmente quando a derrota do time é culpa sua. Jesus Cristo entende o que é perder porque ele perdeu o relacionamento com o Pai na cruz. Ele entende vergonha e humilhação porque ele foi despido, ridicularizado e chamado de blasfemador. Tudo isso ele sofreu voluntariamente por seus filhos. Isso significa que a derrota de um jogo de futebol não é a pior coisa que poderia acontecer. Já perder Jesus Cristo sim, e ele prometeu que nunca nos deixaria ou abandonaria. A sua reação pecaminosa à derrota deveria lhe tornar grato por ele ter pago o preço pelo seu pecado e ainda amar você.

Tabela 5.1: Criação de Filhos "do Senhor"

Categoria	Passagem	Exemplo
Governo ou Supervisão	1Tm. 3:4-6; 12-13; Gl. 4:2-3	**Instruções básicas para a vida diária:** "Jogar a sua chuteira quando você perde um gol é um comportamento inadequado. Você poderia machucar alguém."
Nutrição no Evangelho "Crie-os"	Sl. 78:4; 17-19; 1Ts.2: 6-8; 1Tm. 5:10	**Alimentando suas almas com graça:** "Eu sei que você está triste porque o seu time perdeu. Eu também estou. Vamos olhar agora o quão alto o céu está acima da terra. Isso é o quanto Deus ama você. Ele está usando esse sofrimento em sua vida para fazer com que nós dois olhemos para cima e vejamos o seu amor."
Instrução no Evangelho	Ef. 6:4; Cl. 3:24	**O que Jesus fez:** "Porque Jesus deu sua vida por você, você pode dar a sua vida aos outros, parabenizando seus companheiros de equipe pelo bom jogo deles. Eu sei que isso é difícil. Mas foi difícil para Jesus entregar seus desejos por você também. Ele entende tudo o que você está passando agora. Ele dará graça a nós dois, se pedirmos."

Categoria	Passagem	Exemplo
Correção no Evangelho	Dt. 4:9-14; Ef. 6:4; Ti. 2:11-14	**Corrigindo-o quando ele duvida ou esquece:** "Neste momento, você está agindo como se o que Jesus fez por você não importasse. Você está agindo como se vencer fosse tudo o que existe. Você sabe que, mesmo se você tivesse ganho, você ainda assim não ficaria verdadeiramente satisfeito, pelo menos não por muito tempo. Deus deu a você e a mim a oportunidade de sermos felizes com o que é realmente maravilhoso: o seu amor. Sua ira mostra o quanto você deveria ser grato por ter um Salvador."
Recitando **Promessas** do Evangelho para Filhos Descrentes e Crentes	Jo. 3:16-18; 8:24; At. 16:31; Rm. 3:23-24; 4:22-25; 10:9-13	**Se ele não é cristão:** "Eu entendo por que você está tão furioso por não ganhar. É porque ganhar é tudo o que você tem. Por você não acreditar no amor de Jesus por você, toda a sua vida será gasta tentando ganhar e nunca se satisfazendo. E então você terá que apresentar-se diante de Deus, e tudo o que você terá será o seu registro de falha. Perder um gol não é a pior coisa que acontecerá com você. Mas sim viver a sua vida para ganhar outra coisa que não seja Jesus. Mas você pode se voltar para ele hoje."

Categoria	Passagem	Exemplo
Recitando **Promessas** do Evangelho para Filhos Descrentes e Crentes	Jo. 3:16-18; 8:24; At. 16:31; Rm. 3:23-24; 4:22-25; 10:9-13	**Se ele diz ser cristão:** "Jesus Cristo pagou o preço pelo seu pecado. Jesus Cristo lhe deu o seu registro perfeito. Você é uma nova pessoa, com uma nova identidade. A sua nova identidade é a de um filho amado, e não um jogador de futebol fracassado. Ele nunca o deixará, nem desamparará. Você pode ter certeza de que ele sempre o ouvirá, lhe dará graça e o ajudará. Ele o sustentará ao longo de toda a sua vida e o levará para casa para estar com ele para sempre. Ganhar é bom, mas ter Jesus é melhor. Estou tão contente que nós dois podemos olhar adiante para um momento em que não cometeremos mais erros. Não será maravilhoso?"

Correção

A graça não nos proíbe de corrigir nossos filhos. Mas a correção no evangelho nos lembra de trazer correção para eles no contexto do que Jesus já fez por eles e de seu grande amor. Nosso jogador de futebol irado e envergonhado precisa se arrepender, não só de sua ira e desejo de aprovar a si mesmo, mas também de desejar ser perfeito por conta própria e ignorar a perfeição que Jesus forneceu a ele em seu amor justificador.

Sua ira é simplesmente um sintoma de um coração que deseja ganhar, ao invés de ser ganho.

Promessas

Filhos precisam ser lembrados das promessas de Deus. Eles precisam conhecer as promessas que ele fez se eles falharem em crer que ele é tão misericordioso e bondoso quanto diz ser. Fracasso e vergonha é tudo o que lhes aguarda. Por outro lado, se eles dizem crer, então eles precisam ser lembrados das promessas que ele fez de amar e cuidar deles, não importa como eles fracassem.

Aqui estão cinco palavras simples para você levar consigo todos os dias: Prometer, Governar, Nutrir, Instruir e Corrigir. As letras iniciais destas cinco categorias são PG-NIC. Você provavelmente sabe que fazer um acróstico pode ajudá-lo a lembrar-se de alguns fatos importantes. Este é um que o ajudará a lembrar dessas categorias e também de um dos aspectos mais importante de sua paternidade – intercessão (que veremos no capítulo 8). O acróstico pode significar também Pais Graciosos Necessitam Interceder Constantemente.

Neste capítulo, aprendemos o que a Bíblia tem a dizer sobre como criar nossos filhos. Aprendemos que existem aspectos diferentes da criação de filhos "do Senhor", e que o que é exigido em uma situação pode não ser o melhor em outra. Embora apenas governar nossos filhos sem lhes dar a verdade do evangelho nunca cumpra toda a nossa obrigação, muitas vezes só temos tempo e energia para isso. Sim, há muitos momentos que exigem simplesmente que se governe uma situação, mas o governo é apenas uma das nossas responsabilidades. Aqui estão algumas perguntas que você pode se fazer ao lembrar-se deste acróstico: Pais Graciosos Necessitam Interceder Constantemente.

- Será que essa circunstância exige apenas *governo*?
- Agora que a situação se acalmou, eu tenho uma oportunidade de *nutrir* sua alma com o evangelho?
- Este é o momento de *instruí-lo* a como aplicar o que Jesus já fez por ele?
- Será que eu preciso *corrigir* suas atitudes ou ações de modo que elas estejam mais alinhadas às boas-novas do evangelho?
- Eu deveria lembrá-lo das *promessas* de Deus, tanto daquelas de benção por fé quanto as de punição por incredulidade?
- Finalmente, será que este é apenas um momento para que eu *ore* e peça a Deus para me mostrar como o evangelho se aplica ao meu próprio coração? Será que eu preciso de clareza para entender por que meu filho está lutando ou resistindo agora? Será que eu preciso de clareza nas reações do meu coração para que eu não seja levada para junto de sua incredulidade, ira e desespero? O que me incomoda na atitude dele? Por quê?

Mais uma vez, aqui estão as nossas cinco palavras usadas nos dois sentidos: Prometer, Governar, Nutrir, Instruir e Corrigir, e Pais Graciosos Necessitam Interceder Constantemente. Nós lhes demos essas cinco categorias para que você possa começar a levar a sua criação de filhos a refletir com mais precisão a expressão "do Senhor". Mas, por favor, tome nota: Lembre-se de que *não estamos mandando que você tente fazer cada uma delas toda vez que falar com seus filhos*. Muitas vezes, e especialmente com crianças mais novas, tudo o que você será capaz de fazer será governá-los. Nós de fato queremos que você comece a orar para que o Senhor o ajude a lembrar-se de fazer mais do que isso, mas isso não é mais um novo conjunto de regras para você seguir. Essas são apenas categorias para que você comece a pensar e a orar sobre elas.

Pondera o que Acabo de Dizer

Embora o apóstolo Paulo não tivesse uma esposa ou filhos (até onde sabemos), ele teve Timóteo, seu filho na fé. O que se segue é parte do conselho paternal que ele lhe deu. Você pode ver como ele o nutria, instruía e corrigia no Senhor?

> *Tu, pois, filho meu, fortifica-te na graça que está em Cristo Jesus...* Participa dos meus sofrimentos como bom soldado de Cristo Jesus. Nenhum soldado em serviço se envolve em negócios desta vida, porque o seu objetivo é satisfazer àquele que o arregimentou. Igualmente, o atleta não é coroado se não lutar segundo as

normas. O lavrador que trabalha deve ser o primeiro a participar dos frutos. *Pondera o que acabo de dizer, porque o Senhor te dará compreensão em todas as coisas. Lembra-te de Jesus Cristo*, ressuscitado de entre os mortos, descendente de Davi, segundo o meu evangelho; pelo qual estou sofrendo até algemas, como malfeitor. (2Tm. 2:1; 3-9)

Olhe novamente para essa passagem. Paulo sabia que somente a graça fortaleceria seu querido filho. Assim, antes de falar a Timóteo sobre o trabalho que ele precisava fazer, ele o lembrou da graça. Sim, ele deve trabalhar arduamente, sofrer como um soldado, um atleta, um lavrador. Mas a vida de Timóteo é vivida em um contexto. Às vezes, é preciso muito trabalho e sofrimento, a fim de começar a entender esse contexto. Qual é esse contexto? "Lembra-te de Jesus Cristo, ressuscitado de entre os mortos, descendente de Davi, segundo o meu evangelho".

A ordem de Paulo "criai-os na disciplina e na admoestação do Senhor" significa isto: que os pais devem pensar e lembrar-se de Jesus Cristo e, então, instruir seus filhos a entenderem como tudo em suas vidas – suas alegrias e tristezas, suas provações e trabalhos, suas dúvidas, pecado e vergonha – deve ser entendido e abordado à luz de Jesus Cristo, que descende de Davi, e não de Levi, que morreu e ressuscitou dos mortos. Essa é a melhor notícia que qualquer criança poderia ouvir. A criação de filhos distintamente cristã deve ser realizada no ambiente das boas-novas de Jesus Cristo ou então não é educação *cristã* de filhos. Ela pode funcionar por um tempo, ela pode tornar a sua vida gerenciável, e Deus pode usá-la, mas ela não é "do Senhor".

Ao encerrarmos este capítulo, deixe-nos nutri-lo com um banquete de graça dos Salmos que satisfaz a alma:

> Bendize, ó minha alma, ao SENHOR,
> e tudo o que há em mim
> bendiga ao seu santo nome.
> Bendize, ó minha alma, ao SENHOR,
> e *não te esqueças de nem um só de seus benefícios.*
> Ele é quem perdoa todas as tuas iniquidades;
> quem sara todas as tuas enfermidades;
> quem da cova redime a tua vida
> e te coroa de graça e misericórdia;
> quem farta de bens a tua velhice,
> de sorte que a tua mocidade se renova como a da águia.
> O SENHOR faz justiça
> e julga a todos os oprimidos.
> Manifestou os seus caminhos a Moisés
> e os seus feitos aos filhos de Israel.
> O SENHOR é misericordioso e compassivo;
> longânimo e assaz benigno.
> Não repreende perpetuamente,
> nem conserva para sempre a sua ira.
> Não nos trata segundo os nossos pecados,

nem nos retribui consoante as nossas iniquidades.
Pois quanto o céu se alteia acima da terra,
assim é grande a sua misericórdia para com os que o temem.
Quanto dista o Oriente do Ocidente,
assim afasta de nós as nossas transgressões.
Como um pai se compadece de seus filhos,
assim o SENHOR se compadece dos que o temem.
Pois ele conhece a nossa estrutura e sabe que somos pó.
(Sl. 103:1-14)

Relembrando a Graça de Deus

Por favor, não ignore o que o Espírito Santo possa estar fazendo em seu coração ao longo deste capítulo. Reserve um tempo para pensar profundamente sobre o assunto e responder às perguntas.

1) Como a graça nos educa? Como podemos usar a graça ao educar nossos filhos?
2) A sua compreensão sobre criar filhos na disciplina e admoestação *do Senhor* mudou? Como? O que essa expressão quer dizer?
3) Você se surpreende por haver apenas dois mandamentos diretos sobre a instrução da criança no Novo Testamento? Como essa verdade esclarece a sua criação de filhos?
4) Destacamos cinco categorias de criação de filhos no evangelho: P_____ G_____

N_____ I_____
C_____. Para ajudá-lo a se lembrar dessas categorias, fizemos outro acróstico: "Pais Graciosos Necessitam _____ Constantemente".

5) Quando falhamos como pais, qual é a nossa única esperança?
6) Resuma em três ou quatro frases o que você aprendeu neste capítulo.

Capítulo Seis
Sabedoria Maior que a de Salomão

Louvado seja o seu nome, o nosso Deus é glorioso em sabedoria. Reis vieram para aprender a sabedoria de Salomão, mas um maior que Salomão está aqui: Jesus Cristo!
– Edmund P. Clowney[1]

Todas as suas esperanças haviam sido pisoteadas na poeira sob os brutais pés de Roma. Por mais de três anos, eles haviam visto seus milagres e ouvido suas palavras. Eles haviam sido convencidos. Certamente este era "quem havia de redimir a Israel" (Lc. 24:21). Mas, então, tudo tinha dado terrivelmente errado. Ele havia sido preso, espancado, crucificado. Ele estava morto, e, juntamente com ele, todas as esperanças haviam sumido.

Era o dia depois do sábado judaico, domingo, e a vida cotidiana estava de volta, como sempre acontecia, envolta em sombras de desesperança, futilidade e confusão. *Pensamos que havíamos entendido; pensamos que ele era o Messias. Como podíamos estar tão errados?* Então, eles começaram a sua triste jornada juntos pela estrada para Emaús. Eles não tinham ideia do que os esperava na estrada, e de como isso mudaria tudo o que eles pensavam saber.

Embora fosse verdade que o Senhor Jesus tivesse morrido, e que dias haviam se passado desde que ele havia sido colocado no frio túmulo de José, ele já não estava mais sendo mantido pelas garras da morte. Não, ele estava andando na estrada. Ele estava interceptando seu enlutado tio Cleopas e talvez sua tia Maria também.[2] Seus queridos amigos enlutados precisavam de algo dele que dissiparia para sempre a tristeza e iluminaria o entendimento. Enquanto eles caminhavam ao longo da estrada, o próprio Jesus "se aproximou e ia com eles" (Lc. 24:15). Ele lhes perguntou o que estavam discutindo, e ao ouvir sua dor e confusão, ele gradualmente abriu as suas mentes para entenderem o real significado das Passagens do Antigo Testamento – *elas eram todas sobre ele* (Jo. 5:39). Aqui está como Lucas descreve a experiência:

> E, começando por Moisés, discorrendo por todos os Profetas, [Jesus] expunha-lhes o que a seu respeito constava em todas as Escrituras... E disseram um ao outro: Porventura, não nos ardia o coração, quando ele, pelo caminho, nos falava, quando nos expunha as Escrituras?... A seguir, Jesus lhes disse: São estas as palavras que eu vos falei, estando ainda convosco: importava se cumprisse tudo o que de mim está escrito na Lei de Moisés, nos Profetas e nos Salmos. Então, lhes abriu o entendimento para compreenderem as Escrituras. (Lc. 24:27)

Em essência, Jesus estava lhes ensinando que "todas as verdades chegam ao seu cumprimento em relação a [ele]".[3] Quando ele se referiu à "Lei de Moisés, Profetas e Salmos", ele não estava limitando seu significado a esses livros específicos. Ele quis dizer todo o Antigo Testamento. Cada passagem da Escritura e, de fato, cada ocorrência em toda a criação tem o seu cumprimento em Jesus Cristo. "Tudo foi criado por meio dele e para ele... para em todas as coisas ter a primazia", escreveu Paulo (Cl. 1:16, 18, ver também Hb. 1:3-4). Jesus está no primeiro plano de absolutamente tudo, como Senhor preeminente sobre tudo.

Neste momento você deve estar se perguntando por que levamos você neste passeio até a estrada de Emaús para espionar uma conversa, quando este supostamente é um livro sobre criação de filhos. A razão é que estamos prestes a caminhar na sabedoria dos provérbios, e nós queremos que você entenda como os ler à luz do evangelho da graça. Queremos que você veja que os provérbios (e, na verdade, toda a Escritura) são preeminentemente sobre a morte e ressurreição de Jesus e a entrada na sua glória (Lc. 24:26). É o próprio Senhor que nos ensina a ler os provérbios fazendo esta pergunta: "Onde está o meu Salvador?".[4]

Vendo Jesus nos Provérbios

Em sua maioria, os provérbios foram escritos por Salomão, o homem mais sábio do seu tempo (1Re. 4:29-34), e apesar de serem palavras certas e verdadeiras, nem mesmo Salomão foi capaz de empregá-las de forma que o seu próprio filho não fosse um tolo. No entanto, os provérbios foram escritos para incutir habilidade na arte de viver piedosamente na vida daqueles que acatam seus conselhos. Muitos são escritos como as palavras de um pai para o seu filho. Outros são dirigidos aos pais, à medida que procuram incutir sabedoria na vida de seus filhos.

Se abordarmos os provérbios crendo que toda a Bíblia "sussurra o seu nome",[5] se nos achegarmos com olhos abertos, buscando o nosso Salvador, facilmente o identificaremos como o Filho Sábio. Sim, os provérbios de fato nos dizem como viver uma vida piedosa, mas eles também nos falam sobre ele. Por exemplo, a ordem: "Filho meu, se os pecadores querem seduzir-te, não o consintas", foi abundantemente cumprida na resistência de Jesus às tentações de Satanás no deserto. Jesus é o Filho Sábio que sempre fez o que era agradável a seu Pai (Is. 52:13, Jo. 8:29). E, embora a Bíblia seja quase silenciosa a respeito da infância de Jesus, nós temos essa descrição: "Crescia Jesus em sabedoria, estatura e graça, diante de Deus e dos homens" (Lc. 2:52). Ele era completamente obediente porque era plenamente sábio, e ele era amado por seu Pai e seus pais. O próprio Jesus se refere a si mesmo como a personificação da sabedoria (Mt. 11:19), enquanto Paulo nos assegura que nele estão ocultos *todos* os tesouros da sabedoria e do conhecimento (Cl. 2:3). Jesus é o desfecho do Filho Sábio de Provérbios.

Mas Jesus não é apenas o Filho Sábio que alegra o coração de seu Pai (Pv. 10:1; Mt. 3:17). Ele também é o Filho que sente a vara da correção destinada aos tolos. Ele é aquele a quem os guardas romanos receberam "com bofetadas" (Mc. 14:65). Embora ele fosse sábio, a "vara da disciplina", destinada a afastar a tolice, foi colocada sobre as suas costas sangrentas (Pv. 26:3; Mt. 27:28-31). Quando o Espírito Santo abre os nossos olhos para a presença de Jesus, podemos vê-lo em todos os lugares de Provérbios. Aqui está um homem com uma sabedoria maior e mais profunda que a de Salomão (Mt. 12:42), que foi tratado como o tolo que merecia uma surra.

A identidade de Jesus como o *Filho Sábio* que recebeu *bofetadas* nos ajuda a entender como aplicar os provérbios na criação de nossos filhos. Lembrar que os Provérbios e a forma como disciplinamos são preeminentemente sobre Jesus Cristo transformará o modo como aplicamos a correção aos nossos próprios filhos. E, mesmo em tempos de correção, sussurraremos o nome de Jesus a eles por meio de nossas lágrimas e das deles.

Tudo isso não é para sugerir que ignoramos o claro ensino de Provérbios e em vez disso simplesmente procuramos por Jesus. Não, as claras palavras dos provérbios são para o nosso bem, e nós cresceremos em sabedoria se respondermos a elas com fé e humildade. É só que, se não atentarmos para ver Jesus ali também, nós erroneamente suporemos sermos capazes de realizar automaticamente algo que nem mesmo Salomão pôde realizar: criar filhos sábios. Além disso, como os provérbios são tão nítidos e parecem ser promessas, acreditaremos que o nosso desempenho será garantia de sucesso. Muitos dos chamados livros cristãos sobre criação de filhos desenvolvem a sabedoria parental em Provérbios sem qualquer reconhecimento da presença de Cristo. Visto que um judeu devoto poderia empregar Provérbios da mesma forma, esse não é um modelo cristão. Métodos de criação de filhos que presumem ou ignoram o evangelho não são cristãos. O evangelho deve estar no centro de tudo o que pensamos, fazemos e dizemos aos nossos filhos.

Disciplina Física e o Evangelho

Provérbios ordena o uso adequado e amoroso da força física, o que ele chama de "vara" ou palmadas. Aqui estão as quatro passagens de Provérbios (e uma de Hebreus), onde encontramos mandamentos para disciplinar com correção física os filhos que amamos:[6]

> O que retém a vara aborrece a seu filho, mas o que o ama, cedo, o disciplina. (Pv. 13:24)

> A estultícia está ligada ao coração da criança, mas a vara da disciplina a afastará dela. (Pv. 22:15)

> Não retires da criança a disciplina, pois, se a fustigares com a vara, não morrerá. Tu a fustigarás com a vara e livrarás a sua alma do inferno. (Pv. 23:13-14)

> A vara e a disciplina dão sabedoria, mas a criança entregue a si mesma vem a envergonhar a sua mãe. (Pv. 29:15)

Pois que filho há que o pai não corrige?... tínhamos os nossos pais segundo a carne, que nos corrigiam... Pois eles nos corrigiam por pouco tempo, segundo melhor lhes parecia... Toda disciplina, com efeito, no momento não parece ser motivo de alegria, mas de tristeza.
(Hb. 12:7-11)

Cada pai deve chegar à sua própria conclusão sobre a disciplina física. Embora muitos cristãos sinceros discordem, nós acreditamos que a Bíblia ensina claramente que o castigo físico é um sinal de relacionamento amoroso. Mas mesmo aqui, a correção ou punição deve vir no contexto do Filho Sábio que levou bofetadas destinadas a tolos. Aqui está como uma conversa antes ou depois de um momento de disciplina pode ser:

> David, estou muito triste que você tenha decidido me desobedecer quando eu claramente disse que era hora de pôr de lado seus brinquedos e se preparar para o jantar. Porque você desafiou abertamente o meu pedido e continuou a brincar, mesmo sabendo que estávamos esperando por você, agora eu tenho que discipliná-lo. Você sabe que Deus me ordena que eu o eduque para obedecer e, se eu deixar de puni-lo agora, estarei desobedecendo a ele. Estou triste por ter que lhe causar dor. Eu sei que você está triste também. Orarei para que você entenda que a desobediência sempre

causa dor. Na verdade, a nossa desobediência causou a dor que Jesus sentiu na cruz, mesmo que ele sempre tenha obedecido perfeitamente e não merecesse ser punido. Ele voluntariamente tomou o castigo que você e eu merecíamos porque ele nos ama. Ele tomou o seu lugar e também sentiu a vara da correção, para que nunca tivéssemos que experimentar a ira de Deus. Mas eu tenho que discipliná-lo agora porque a sua desobediência me mostra que você esqueceu o quão maravilhoso é o seu amor. Em vez de lembrar o quanto ele o ama, você tentou se fazer feliz por conta própria, sem ele, ao me desobedecer.

Se você acredita que ele o amou e recebeu o castigo por você, então este tipo de punição o ajudará a se lembrar de viver com sabedoria, e a dor dela logo passará. Mas, se você não acredita em sua grande bondade, então a punição que você recebe hoje será apenas o começo de uma vida de dor. Hoje você pode pedir perdão, e eu vou perdoá-lo, e, se você pedir a ele, o Senhor também o perdoará. Mas, se você esperar, se endurecer o coração e se recusar a mudar, então um dia virá em que será tarde demais para pedir perdão. Vou orar por você agora, e então, mais tarde, se o Espírito Santo estiver se movendo em seu coração para fazer com que você realmente se arrependa por me desobedecer, eu prometo que vou perdoá-lo, se você pedir. Não se esqueça de que o Senhor prometeu que todo aquele que chamar por ele será salvo. David, eu amo você, e eu oro para que você o chame agora, enquanto ainda pode, e que esta disciplina lhe ensine que a dor sempre segue a desobediência.

Você vê como o evangelho fez a diferença no tom e conteúdo desse momento de disciplina? Claro, nem todas as conversas devem ser exatamente assim, nem precisam ser tão longas. Esse não é um roteiro para ser memorizado, mas sim um modelo para encorajá-lo a saber como exaltar Jesus Cristo mesmo durante um período de disciplina amorosa de seus filhos. À medida que você ora por sabedoria e pede ao Espírito Santo para lembrá-lo do sofrimento e exaltação de Jesus, você perceberá que o seu coração será aquecido para o evangelho também, ajudando-o a descobrir a doçura do evangelho, quando você mesmo tiver que sofrer disciplina.

As boas-novas nos ensinam que o exemplo do Filho Sábio foi dado a filhos crentes – e isso não muda mesmo em momentos de disciplina. Embora algumas crianças agravem seus pecados durante a disciplina por estarem teimosamente iradas ou mal-humoradas, elas podem ter certeza de que Jesus sofreu com perfeição em seu momento de punição, sem pecar, e que este é o exemplo delas, se elas realmente crerem. Momentos de correção devem ser momentos de testemunho do evangelho, lembrando às crianças que Jesus sabe o que é ser punido e que ele se submeteu a isso mesmo não merecendo.

Isso é Pecado ou Fraqueza e Imaturidade?

É claro que, antes de usar a correção física, precisamos ter certeza de que nossos filhos entendem o que estamos solicitando deles e que eles são capazes de obedecer. Talvez a desobediência deles seja uma questão de imaturidade ou fraqueza. Paulo escreveu: "Quando eu era menino, falava como menino, sentia como menino, pensava como menino; quando cheguei a ser homem, desisti das coisas próprias de menino" (1Co. 13:11). Nossos filhos têm "coisas próprias de menino" porque eles não são adultos. Eles falam, pensam e raciocinam como crianças porque são crianças. Suas coisas próprias de menino podem ser pecaminosas ou podem ser uma evidência de fraqueza ou incapacidade de pensar adiante, de pesar consequências, de administrar seu tempo, de lembrar o que eles deveriam estar fazendo, de dizer a coisa certa.

Há uma diferença entre infantilidade e tolice. Uma é o resultado da imaturidade normal. A outra é o resultado do pecado. Enquanto queremos ser diligentes em educar nossos filhos de forma que eles amadureçam para a responsabilidade da vida adulta e desistam de suas coisas próprias de menino, devemos dar atenção cuidadosa à possibilidade de suas ações serem fruto de rebeldia intencional ou infantilidade fraca. Será que essa desobediência necessita de correção física, ou será que esse é um momento para ter certeza de que a criança é capaz de obedecer?

Quando uma criança de dois anos de idade continua tentando tocar em algo que ela não deve (por qualquer motivo), seus pais deveriam mover a mão dela e dizer não. Talvez pudesse ser dada outra coisa para ela brincar. Crianças que ainda estão aprendendo a andar não precisam de explicações. Elas simplesmente precisam ser mantidas longe do perigo e ensinadas a obedecer às vozes da mamãe e do papai. Essa 'gerência externa' não transforma o coração ou torna as crianças mais receptivas à graça. Nós não temos esse tipo de poder sobre seus corações. Ela simplesmente as ensina a obedecerem exteriormente – se elas responderem.

Se o nosso pequeno bebê continuar na tentativa de agarrar o objeto ou se jogar no chão chorando porque aquilo lhe está sendo negado, o nível de correção deve ser intensificado. Junto com um severo não, um tapa firme na sua mão ou em seu traseiro é apropriado.[7] Ele não tem idade suficiente para entender todas as ramificações de sua desobediência. Ele ainda está pensando e raciocinando como uma criança. Ele simplesmente tem que começar a aprender a obedecer aqueles que têm autoridade sobre ele. Ele deveria, então, ser abraçado e colocado para brincar novamente. Esse é o tipo de instrução que se enquadra na categoria de *governo* da qual falamos no capítulo 5. Se governarmos nossos filhos dessa maneira enquanto eles são bem jovens, com frequência descobriremos que a necessidade de correção física diminui à medida que amadurecem. Algumas crianças são muito obedientes e aprendem rapidamente a mover a mão em outra direção quando a mamãe diz não. Outras são mais resistentes e necessitam da mesma lição repetidamente.

Dependendo da maturidade da criança, o tempo gasto com o ensino do evangelho (nutrindo, instruindo, corrigindo, dando promessas) deve começar a aumentar mesmo que a necessidade de correção física diminua. Quanto mais uma criança entender e crer no evangelho, mais seremos capazes de argumentar com ela, em vez de bater nela. Pessoalmente, eu (Jessica) vi o Espírito Santo quebrar o coração orgulhoso do meu filho de forma mais profunda do que qualquer palmada poderia fazer. Nosso objetivo é sempre chegar ao ponto em que estamos falando com nossos filhos mais e mais sobre a verdade do evangelho, crendo que a formação deles será mais bem realizada pela convicção do Espírito Santo, do que pela vara. Podemos perceber que nossos filhos estão se movendo em direção à maturidade quando eles não precisam de uma palmada para iniciá-los na direção do arrependimento.

Às vezes podemos sentir que estamos em uma época em que não fazemos nada além de dar palmadas, e que quando compartilhamos o evangelho com nossos filhos eles agem como se fossem surdos. Às vezes se passam meses até que vejamos qualquer fruto de nossos esforços. Quando suas almas estão frias, esse é o momento em que precisamos continuar obedecendo em fé, crendo que o Senhor usará nossos esforços para abençoar nossos filhos, repetindo o evangelho vez após vez para nós mesmos, e esperando e orando pela obra doadora de vida do Espírito Santo.[8]

Nosso Acolhimento na Família

Sabemos que alguns pais insistem para que os filhos peçam imediatamente perdão por suas ofensas, às vezes de tal forma que a correção cessa. Embora esses pais anseiem por reconciliação e arrependimento imediatos, nós estamos em desacordo com essa prática. Não achamos que seja, em qualquer momento, aconselhável instigar os filhos a mentirem. Certamente os filhos devem ser ensinados de que a dor é uma consequência da desobediência, e que a desobediência deles afeta outros, e não apenas eles mesmos. Eles devem ser encorajados a pedirem perdão a Deus e aos outros (incluindo seus pais), mas somente se eles estiverem genuinamente arrependidos.

Se incentivarmos as crianças a pedirem perdão quando seus corações não foram atingidos pela vara da convicção do Espírito Santo, estamos treinando-os para serem hipócritas. Estamos inadvertidamente ensinando-lhes que falsas declarações de tristeza satisfarão a Deus. Deus nunca está satisfeito com declarações externas de devoção quando o coração está longe dele (Is. 29:13; Mt. 15:7-9); de fato, ele as odeia. A verdade é que nunca podemos saber com certeza se as suas declarações de arrependimento são verdadeiras, porque só Deus conhece o coração (Jr. 17:5). Assumir que podemos ver o coração é um sinal do nosso orgulho e é perigoso para eles.

Ao invés de insistir em uma manifestação imediata de arrependimento, você deveria dar tempo aos seus filhos para responderem ao impulso do Espírito Santo. Assegure-os de que você está orando por eles. Peça-lhes que esperem um tempo, ore para que eles tenham graça para compreenderem e mudarem, e, em seguida, deixe-os nas mãos do Espírito Santo. Quando você o fizer, irá se surpreender com a rapidez com que muitos deles mudam de atitude e pedem perdão voluntariamente. Mas, mesmo se não o fizerem, você pode e deve continuar a dar-lhes seu amor em abundância, confessando sua própria incredulidade, desobediência e fé na promessa de Deus de continuar a amá-lo ainda que você não veja ou confesse nem mesmo um décimo do seu próprio pecado.

Nós não temos que romper o nosso relacionamento com os filhos que não se arrependem, pois a nossa relação não é baseada em seus méritos, mas sim nos laços de amor familiar. Todos os nossos relacionamentos são baseados na nossa relação com o Senhor e devem refleti-la. Nosso pecado nos entristece de fato, mas, se estamos em Cristo, o nosso pecado nunca pode nos separar dele. "Deus não retarda as suas promessas por causa de nossos pecados", diz Paulo, em essência, "ou as adianta por causa da nossa justiça e méritos. Ele não dá atenção a nenhum deles".[9]

Nós não estamos dizendo para você ignorar o mau comportamento, nem estamos dizendo que o comportamento pecaminoso não deva ser corrigido. Estamos dizendo que devemos ensinar aos nossos filhos que o comportamento pecaminoso não altera a relação deles conosco. Se nossa criação de filhos tem como modelo o evangelho, então o pecado, a dureza e a incredulidade deles nos entristecerão; buscaremos discipliná-los e corrigi-los, oraremos por eles acerca disso e continuaremos a amá-los e a acolhê-los apesar disso. Mas não exigiremos uma *demonstração* de arrependimento antes de acolhê-los de volta na relação.

Recordar que o amor genuíno por Deus e por outros crescerá *somente* no ambiente do amor que Deus teve primeiro por nós nos ajudará quando estivermos com medo e nos sentirmos tentados a exigir alguma manifestação de arrependimento para aliviar as nossas preocupações. Enquanto eles lutam com o verdadeiro arrependimento e tristeza piedosa, podemos acalmar nossos corações ansiosos lembrando destas palavras preciosas de Martinho Lutero:

> Porque temos apenas os primeiros frutos do Espírito, e os restos do pecado ainda permanecem em nós, não obedecemos à lei perfeitamente. Mas essa imperfeição não é imputada a nós que estamos em Cristo [que] tem nos abençoado... *Somos nutridos e ternamente acalentados por amor de Cristo, no colo da longanimidade de Deus.*[10]

Belas palavras de conforto! Nutra e acalente ternamente seus filhos no colo de sua longanimidade e confie-os às mãos de um Salvador fiel, o único que tem a capacidade de transformar o coração. Embora, como pais, nós ansiemos por alguma garantia de que nossos filhos estão respondendo, de que estamos fazendo a coisa certa, nós não precisamos fazer o trabalho por ele. Ele foi capaz de salvar a sua alma. Ele é capaz de salvar a deles também. "A graça nos liberta de termos que ganhar a aceitação de Deus, atendendo as expectativas dos outros, e também nos liberta do orgulho e preconceito pecaminosos de determinar a aceitação de outros por Deus com base em nossa própria sabedoria".[11]

Você é Meu Filho Amado, Agora Aja como Tal

O presidente do Seminário Teológico Covenant, Bryan Chapell, reflete sobre a mudança em sua própria paternidade quando começou a ser tocado pelas verdades da graça:

> Eu costumava dizer ao meu filho, "Colin, por causa do que você fez, você é um menino mau". Eu o caracterizava por suas ações. Mas então eu percebi que essa não é a forma como Deus me trata. A graça que me identifica como filho de Deus não é baseada em minhas ações. Ele me caracteriza com base no meu relacionamento com ele, e não com base no que eu fiz. Minha união com Cristo (o indicativo de quem eu sou) precede e motiva a minha obediência (o imperativo). Assim, para tratar nossos filhos como Deus nos trata, minha esposa e eu nos colocamos sob a disciplina de dizer ao nosso filho, "Colin, não faça isso, porque você é meu filho". Em essência, nós pedimos ao nosso filho, "Seja o que você é, nosso amado", em vez de, "Faça, então você será amado".[12]

Esse é o modelo para a instrução em obediência que encontramos por toda a Escritura. Por exemplo, em 1 Tessalonicenses

5:5-11, Paulo faz o mesmo. Ele diz aos crentes de Tessalônica que eles são "filhos da luz e filhos do dia" (1Ts. 5:5). Ele diz que eles não são "da noite, nem das trevas" (v. 5). Depois de lembrá-los de sua identidade, ele lhes diz como viver: sobriamente, com fé, amor e esperança. Então, *novamente*, ele lhes recorda de sua condição diante do Pai: não são destinados "para a ira, mas para alcançar a salvação mediante nosso Senhor Jesus Cristo" (v. 9). Então, *novamente*, ele traz a boa-nova à sua memória: Jesus Cristo é aquele "que morreu por nós" para que pudéssemos viver com ele, *mais uma vez* lembrando-os do relacionamento (v. 10). Finalmente, ele lhes diz para consolar e edificar uns aos outros com essas palavras (v. 11).[13] Se você quiser que a criação dos seus filhos seja baseada na Bíblia, *este deve ser o seu modelo dominante*. Lembre seus filhos quem eles são, do amor que você tem por eles e do seu acolhimento. Então, lembre-os da graciosa oferta de salvação de Deus mediante a fé em Jesus Cristo. E *só então* exija a obediência.

Provérbios dirige conselhos aos filhos pelo menos vinte e três vezes.[14] Vemos um pai suplicando a seu filho para guardar no coração a instrução que ele tem lhe dado: "Filho meu, ouve o ensino de teu pai e não deixes a instrução de tua mãe" (Pv. 1:8; ver também 2:1; 3:1; 4:10, 20; 5:1, 6:20; 7:1; 19:27; 23:19). Ele suplica para que ele viva com sabedoria e, dessa forma, conforte o coração de seu pai e faça-o feliz: "Filho meu, se o teu coração for sábio, alegrar-se-á também o meu; exultará o meu íntimo, quando os teus lábios falarem coisas retas" (Pv. 23:15-16). Isso não é um treinamento aleatório de uma escola militar. Esse pai ancorou sua alegria na sabedoria de seu filho, assim como João faz em 3 João 4: " Não tenho maior alegria do que esta, a de ouvir que meus filhos andam na verdade". O pai em Provérbios chega ao ponto de suplicar a seu filho para dar-lhe o seu coração e convida-o para entrar em sua vida, para aprender, observando os seus caminhos (Pv. 23:26). Isso é instruir em um relacionamento comprometido e amoroso.

Esses pais (pai e mãe) instruem seu filho na vida sábia.[15] Eles lhe dizem da loucura de entrar na imoralidade, da preguiça, da teimosia, da má administração de recursos, de viver como se não existisse um Deus soberano que merecesse respeito. Essas ordens são dadas ao filho no contexto do seu relacionamento com pai e mãe. Salomão, o pai, está suplicando ao seu filho que se lembre do amor que recebeu e responda na mesma moeda. "Você é o meu filho amado; por favor, lembre-se de quem você é e aja como tal".

Burros, Cenouras e Varas

Todo mundo luta com a obediência, não importa a idade. Crianças pequenas querem mexer no que o pai disse para não mexer; crianças mais velhas se recusam a compartilhar seus brinquedos, mesmo sabendo que deveriam; adolescentes pegam sorrateiramente os telefones celulares para mandarem mensagens de texto a seus amigos quando deveriam estar estudando; adultos conhecem o mandamento de amar o próximo, mas fofocam sobre ele mesmo assim. Não importa a nossa idade ou a nossa maturidade em Cristo, todo mundo tem um problema com o pecado, mesmo o apóstolo Paulo. Ele disse: "Porque não faço o bem que prefiro, mas o mal que não quero, esse faço" (Rm. 7:19).

Todo pai tem uma teoria de instrução e motivação, uma crença básica de como levar seus filhos a fazerem o que ele quer, seja essa teoria claramente afirmada ou não. Durante o século dezenove, foi desenvolvida uma teoria baseada em promessas de recompensa e ameaças de punição. Basicamente, essa teoria propunha duas maneiras de fazer um burro mover uma carroça. Primeiro, você poderia balançar uma cenoura na frente do burro, fazendo-o pensar que, se ele puxar a carroça perto o suficiente, ele conseguirá comer a cenoura. A segunda é estimular o burro batendo nele com uma vara ao longo do caminho. Se o burro for motivado pela recompensa final de uma cenoura, a vara não será necessária, mas se ele não se interessar tanto assim por cenouras, a vara será usada. De qualquer forma, seja por meio da recompensa ou da punição, o condutor da carroça conseguiria o seu objetivo.

Eu aprendi esse paradigma motivacional quando ensinei em uma escola cristã na década de 1970 e início de 1980. Lembro-me de um desenho animado de um burro de aparência estúpida movendo-se na estrada com uma cenoura pendurada na frente de seus olhos opacos, e um fazendeiro sentado atrás dele com um chicote. Parecia lógico para mim. Motivar as crianças com uma recompensa ou motivá-las com punição; qualquer maneira estava boa, contanto que elas seguissem pela estrada.

Lamento dizer que eu levei essa filosofia até minha casa, para os meus próprios filhos. Quando se comportavam, eles colocavam feijões em um pote, a fim de ganharem uma ida à sorveteria. Quando eles não conseguiam se comportar, os feijões eram removidos. Se uma criança desobedecia, as outras sofriam por isso e pressionavam o rebelde para entrar na linha. Eu realmente acreditava que as cenouras e as varas estavam fazendo um bom trabalho com os meus burrinhos. Mas havia vários problemas significativos: os meus filhos não eram burros; eles eram portadores da imagem do Deus encarnado; eu não era, em última análise, responsável – ele era – e, é claro, nós havíamos esquecido completamente o evangelho.

Como o evangelho transformaria o exemplo motivacional acima? De forma muito simples, mudando por completo todo o modelo. Visto que tanto pais quanto filhos se recusam obstinadamente a puxar a carroça da glória de Deus ao longo da estrada, o Pai quebrou a vara da punição nas costas de seu Filho obediente. Em vez de tentar nos seduzir balançando incessantemente, na frente de nossos rostos, uma cenoura inatingível de perfeito acolhimento e perdão, Deus Pai dá gratuitamente a cenoura como alimento para nós, seus inimigos. Ele simplesmente se move fora de todas as nossas categorias de recompensa, punição e motivação humana, nos dá toda a recompensa e toma sobre si toda a punição. Ele derrama graça após graça sobre nós e carrega, em sua própria pessoa, toda a ira que merecemos. Então, ele nos diz, à luz de tudo o que fez: "Obedeça".

Sim, nós temos promessas de recompensas no céu, mas essas não são obtidas por nós, por nosso próprio mérito. Sim, há promessas de punição, mas não para aqueles que estão "em Cristo". Toda a nossa punição foi carregada por ele. A cenoura é nossa. A vara é dele. Governe seus filhos com feijões em um pote, se você quiser, mas não se esqueça de lhes dizer que isso não é o evangelho. E talvez, de vez em quando, encha o pote com feijões e leve todo mundo para tomar sorvete, e quando seu filho perguntar: "Papai, por que ganhamos o sorvete? Como o pote se encheu?", você saberá o que dizer, não saberá?

Sabedoria mais Profunda de Provérbios

Ao encerrarmos o nosso momento pensando sobre os provérbios, aqui estão mais dois versículos para ajudá-lo a pensar sobre o que dissemos. O primeiro é Provérbios 16:7: "Sendo o caminho dos homens agradável ao SENHOR, este reconcilia com eles os seus inimigos". Como você explicaria esse versículo para os seus filhos? Esperamos que você não lhes diga que Deus promete fazer as pessoas gostarem deles se eles se comportarem. Em vez disso, você poderia dizer algo mais assim: "Quando você vive à luz da sabedoria que Deus dá, normalmente perceberá que as pessoas o tratarão bem". Mas é melhor se, depois de ter dito isso, você adicionar, "Embora isso seja verdade, sabemos também que os caminhos de Jesus agradaram ao Senhor, mas seus inimigos o mataram. E isso não é tudo. Por meio de seu sacrifício, ele tornou seus inimigos (você e eu) em amigos! Estamos em paz com ele agora porque ele suportou toda a ira que merecíamos. Isso não é uma boa notícia?".

Aqui está um provérbio final: "O que justifica o perverso e o que condena o justo abomináveis são para o SENHOR, tanto um como o outro" (Pv. 17:15). Se não conseguirmos enxergar o Filho Sábio que recebeu bofetadas destinadas a um tolo, perderemos a profundidade dessa sabedoria. É claro que ter um julgamento correto agrada a Deus. Mas Jesus é aquele que justifica o ímpio. O Pai é aquele que condena o justo. Por quê? Para que não mais fôssemos ímpios, para que pudéssemos sair do nosso mundo de retaliação e entrássemos na graça do evangelho de Jesus Cristo, e para que pudéssemos ser maravilhados com sua sabedoria e banhássemos nossos filhos queridos nela todos os dias.

Relembrando a Graça de Deus

Por favor, não ignore o que o Espírito Santo possa estar fazendo em seu coração ao longo deste capítulo. Reserve um tempo para pensar profundamente sobre o assunto e responder às perguntas.

1) Qual é o propósito dos provérbios em nossas vidas?
2) Por que disciplinamos nossos filhos? Qual é o objetivo?
3) Qual é a diferença entre pecado e imaturidade? Você tem esperado dos seus filhos maturidade além da capacidade deles?

4) Você confia em métodos ou no Espírito Santo para mudar o coração do seu filho? Você ao menos pensa em mudança de coração ou está obstinado a apenas fazê-los obedecer?
5) Você já tratou seus filhos de maneira diferente ou os manteve distantes depois de tê-los disciplinado? Você os recebe de volta ao relacionamento amoroso gratuitamente ou à contragosto?
6) Qual método você tende a usar como padrão quando se sente sem esperança em relação à criação dos seus filhos: recompensa ou punição? Como o evangelho muda a nossa forma de disciplina?
7) Como a nossa valorização do evangelho ajuda nossos filhos?
8) Resuma em três ou quatro frases o que você aprendeu nesse capítulo.

Capítulo Sete
A Única História Realmente Boa

Todos os dons que possuímos foram outorgados por Deus e confiados a nós sob a condição de que sejam distribuídos para o benefício de nossos próximos.
– João Calvino[1]

Se o estrangeiro peregrinar na vossa terra, não o oprimireis. Como o natural, será entre vós o estrangeiro que peregrina convosco; amá-lo-eis como a vós mesmos, pois estrangeiros fostes na terra do Egito. Eu sou o SENHOR, vosso Deus.
– Levítico 19: 33-34

Imagine isto: um grande Rei envia o seu Filho amado para peregrinar na terra que ele possui. Ao invés de amar esse estrangeiro, os nativos da terra fazem mal a ele. Eles não o amam; eles não se lembram de que foram estrangeiros que haviam sido amados. Não, ao invés disso, eles o matam. Eles se esquecem de todas as ordens do grande Rei; ainda assim, ele os abençoa e perdoa, e ressuscita seu Filho amado para garantir que eles, os verdadeiros estrangeiros nessa história, fossem abençoados e cuidados para sempre. Misericórdia generosa como essa é simplesmente inacreditável à parte da graça de Deus.

❖

Andrew estava à porta de novo, o que não era incomum, visto que a casa deles havia se tornado praticamente a casa desse pequeno rapaz. Andrew vinha de uma família descrente, e seus pais passavam mais tempo fora de casa do que dentro, deixando-o ao "cuidado" de sua irmã de dezesseis anos de idade, que passava todo o seu tempo no telefone e assistindo à MTV. Andrew era ríspido; ele usava linguagem inapropriada, contava piadas desagradáveis que eram inapropriadas para a sua idade e nunca havia sido apresentado a qualquer forma de moralidade, muito menos ao cristianismo evangélico. Quando a mãe ouviu a voz de Andrew, ela se encolheu; em seguida, ela se lembrou da história do evangelho e orou por sabedoria e graça.

❖

Muitos colegas de equipe do Campeonato Infantil de Beisebol do Mark estavam participando de uma festa do pijama na casa do treinador. Pizza, jogos e os filmes da série Guerra nas Estrelas [Star Wars] estavam na ordem do dia. Mark perguntou se ele poderia ir. O pai e a mãe de Mark estavam preocupados com o conteúdo de alguns dos filmes e com a possibilidade de Mark passar a noite com tantas crianças descrentes. Será que esse era um daqueles casos em que a família de Mark deveria se colocar contra o mundo ou essa poderia ser uma porta para ensinar Mark a como interagir com ele? Embora Mark não frequentasse a escola e recebesse educação em casa, a família havia propositadamente inscrito-o no Campeonato Infantil de Beisebol para que pudessem ter a oportunidade de se misturar com pessoas não salvas.[2] Como a sabedoria do evangelho agiria nessa circunstância?

※

A pequena Megan de seis anos de idade sonhava em ser uma princesa e que um príncipe maravilhoso viesse casar com ela. Ela usava seus vestidos de princesa, tiaras e pantufas o tempo todo e continuamente agia como se fosse uma linda princesa, quando, muitas vezes, deveria estar limpando o seu quarto ou ajudando sua mãe. Quando suas amigas vinham brincar com ela, todas se vestiam iguais, e sua mãe se perguntava se o mundo imaginário de Megan era prejudicial, especialmente porque era óbvio que ela não estava enxergando o ponto em que Jesus a chamou para ser uma serva, não uma princesa. Será que ela deveria limitar o uso das roupas de princesa?

※

Luke é um adolescente que ama música e toca seu violão sempre que pode. Tanto sua mãe quanto seu pai tentaram ser compreensivos sobre as escolhas musicais de Luke, mas acham que realmente se cansaram disso. Até então, ele costumava ouvir apenas música de supostos cristãos, apesar de seus pais não terem certeza de que as letras tinham alguma coisa a ver com Deus. Mas agora, ele criou um interesse por uma nova banda que não tem qualquer pretensão cristã. As letras das músicas não parecem ser muito diferentes daquelas que ele já ouvia o tempo todo, mas seus pais se perguntam se este é o começo de uma queda rumo ao desastre. O que eles deveriam dizer? Será que eles deveriam impedi-lo de ouvir, mesmo que não achem que haja algo de terrivelmente errado com a música, ou será que deveriam permitir e então abrir a porta para a possibilidade dele desejar ouvir a música cada vez mais?

Respostas do Evangelho

O que a história do Filho amado que morreu e ressuscitou tem a ver com vizinhos perdidos, entretenimento questionável, princesinhas e adolescentes amantes de música? Todo pai sabe o que é ter que tomar decisões acerca de roupas, estilo de corte de cabelo, entretenimento e relacionamentos de seus filhos. Se houvesse um lugar onde uma lista organizada de faça e não faça cairia muito bem, seria esse. Seria muito fácil para nós dizermos: "Mantenha seus filhos longe de todas as influências externas", e simplesmente deixar a questão por aí. Mas agora você nos conhece bem o suficiente para saber que não é isso o que nós faremos. Nós nos recusamos a lhe dar mais lei para impor a seus filhos, porque a lei não produz obediência e amor. Produz apenas orgulho e desespero – para você e para eles – e nunca produzirá a alegria que deve ser a nossa força. Então, ao invés de lhe dar um catálogo de faça e não faça, nós o ajudaremos a aprender como abordar cada decisão com a única história realmente boa em mente, a história do evangelho (veja Apêndice 1: A Única História Realmente Boa).

Sabemos que isso não será tão fácil quanto lhe dar uma lista para se guiar, pelo menos não no início, mas incentivará a dependência do Espírito Santo e nutrirá as almas de todos na família. Então, como uma introdução para fazer o seu pensamento andar na direção certa, aqui estão algumas questões para considerar quando você se deparar com uma decisão que não está claramente definida na Escritura:

- O que o evangelho me ensina sobre essa escolha?
- Onde eu encontro o grande Rei nessa situação?
- O que a obra do Filho amado me ensina sobre isso?
- Será que essa é uma armadilha do Impostor perverso?
- Em que estou crendo quando permito ou proíbo isso?
- Será que a minha escolha está baseada no amor por Deus ou no amor pelo mundo, ou é algo totalmente diferente?
- Será que estou me lembrando do grande mandamento de amar o próximo e buscando cumprir a Grande Comissão de compartilhar o evangelho com ele como parte de um relacionamento?
- Será que estou construindo uma fortaleza de piedade em um esforço para manter o mal do lado de fora e o bem dentro? Ou estou, ingenuamente, convidando o Impostor perverso para dentro da minha família?

Será que essas perguntas parecem muito complexas? Se assim for, por favor, saiba que você não precisa se lembrar de cada uma delas o tempo todo. Essa não é uma fórmula para você memorizar, a fim de que você não cometa nenhum erro e seus filhos se saiam perfeitos. Pelo contrário, é simplesmente uma maneira de reformular o seu pensamento; é uma maneira de mergulhar seus filhos e a si mesmo nas boas-novas.

Se você tentar se lembrar de que você tem um Pai Celestial amoroso que enviou o seu Filho amado ao mundo para desfazer toda a tristeza e engano que o perverso Impostor trouxe, você estará indo na direção certa. Se você se lembrar do que o Senhor Jesus já fez por você, sua família e seus próximos incrédulos, e se você pedir ajuda ao Espírito Santo, você verá que esses tipos de decisões serão mais facilmente tomados. Mesmo se você não se lembrar dessas perguntas, mesmo que você tome uma decisão sem pensar sobre o evangelho, o Senhor é fiel para usar tudo em sua vida para o seu bem e para a glória dele.

Tantas Opiniões

Estamos bem conscientes de que há uma grande diversidade de opiniões sobre como tomar decisões sábias, e que é precisamente em tais decisões que nosso apego à lei torna-se mais evidente. Devido ao desejo amoroso dos pais de protegerem seus filhos do mal que há no mundo, alguns vivem mais como monges reclusos do que como cristãos do primeiro século, que eram famosos por seu amor pela cidade e por serviços prestados dentro dela – cidades que, em muitos casos, eram mais notoriamente perversas do que as cidades encontradas nos Estados Unidos nos dias atuais.

Nas duas cidades para as quais Paulo escreveu suas diretrizes parentais, Éfeso e Colossos, a adoração à deusa, prostituição no templo, superstição, feitiçaria, aborto, infanticídio e escravidão infantil eram comuns. Essas cidades se assemelhavam mais a um cassino de Las Vegas do que a uma pequena casa no campo. No meio de toda essa sujeira e degradação, Paulo não ordenava aos pais que retirassem seus filhos dessas cidades e fugissem para longe, a fim de criá-los em um ambiente mais propício à santidade. Claro, havia seitas reclusas no antigo Oriente Próximo, mas elas eram insignificantes, definitivamente não foram essas que viraram o mundo de cabeça para baixo. Como poderiam ter sido? Elas evitavam a interação com o mundo e com as pessoas que lá viviam.

Por outro lado, sabemos que alguns pais são tão insensatamente indiferentes em relação ao que eles expõem seus filhos, que os familiarizam com todo o tipo de influência vil, não reservando tempo para discernir a incapacidade de seu filho de compreender ou resistir aos enganos existentes no meio deles. Eles não se atentam nem mesmo para as classificações seculares especificadas em jogos de videogame, músicas ou filmes, temendo que seus filhos fiquem ressentidos com sua interferência e restrição àquilo de que todos os seus amigos desfrutam. Certamente o Senhor, que convidou os pequeninos ao seu colo, não desejaria vê-los jogados em uma fossa na qual muitos de seus colegas nadam.

Há uma grande diversidade entre todos os crentes sinceros sobre o que é comumente chamado de "questões de sabedoria", então vamos tentar discernir sabedoria, examinando as Escrituras através das lentes da única história realmente boa, o evangelho.

Saiam do Meio Deles

É interessante notar que os pais não são, em nenhum lugar, especificamente ordenados a manterem seus filhos isolados das pessoas do mundo. Os versículos que mais se aproximam de fazer isso são os que dizem respeito ao casamento de israelitas com gentios incrédulos:

> Não farás com elas aliança, nem terás piedade delas; nem contrairás matrimônio com os filhos dessas nações; não darás tuas filhas a seus filhos, nem tomarás suas filhas para teus filhos; pois elas fariam desviar teus filhos de mim, para que servissem a outros deuses. (Dt. 7:2-4)[3]

Sob a antiga aliança, a lei sobre o casamento era tão significativa que os exilados que retornaram a Israel após o cativeiro babilônico foram realmente ordenados a se divorciarem de suas esposas pagãs. Devido ao fato de os pais geralmente arranjarem casamentos para seus filhos (tanto filhos quanto filhas), essa ordem os proibiu de fazê-lo, com algumas exceções gloriosamente graciosas.[4] Essa lei dizia respeito principalmente à pureza nacional de Israel, mas havia também um componente espiritual. O Senhor queria que os corações de seus filhos estivessem livres da adoração aos ídolos das nações que os cercavam, e viver intimamente com um idólatra criaria tentação e discórdia desnecessárias.

Essa lei contra tais entrelaçamentos com povos vizinhos incrédulos é reformulada de uma forma interessante no Novo Testamento. Enquanto os santos do Antigo Testamento foram proibidos de se casarem com gentios e, ao retornarem do exílio, foram até mesmo ordenados a se divorciarem deles, os coríntios que vieram à fé depois de se casarem não foram ordenados a se divorciarem de seus parceiros incrédulos. Na verdade, Paulo diz que a influência do parceiro crente no lar mantém o incrédulo distante de "outros incrédulos e do mal do mundo".[5] Por causa da relação conjugal íntima, o crente estava em uma posição de abençoar o incrédulo por meio da demonstração diária de sua fé.[6]

Em outra passagem bem conhecida, 2 Coríntios 6:14-16, Paulo adverte os crentes a não se colocarem em "jugo desigual" com os incrédulos. Essa passagem tem amplas implicações – Paulo não estava falando aqui *especificamente* sobre casamento, ou até mesmo sobre evitar influências mundanas. Paulo estava rotulando como "incrédulos" aqueles de *dentro* da congregação que o haviam resistido, aqueles que haviam dito que eram crentes, mas não se submeteram à sua autoridade apostólica.[7]

De forma mais ampla, as crianças cristãs e seus pais são claramente advertidos a não se colocarem em "jugo" ou aliadas àqueles que se opõem à autoridade de Cristo na igreja, de tal forma que o "incrédulo" tenha o poder de fortemente direcionar, controlar ou influenciar o crente. Paulo está aqui se referindo a pessoas de *dentro* da igreja local mascaradas de crentes e de descrentes fora da igreja. Associações com incrédulos fora da igreja não devem ser evitadas (1Co. 5:10), mas sim empreendidas com discernimento e cautela.

Essa interpretação dessas duas passagens de 1 e 2 Coríntios se harmoniza de forma bela com a história do Filho amado, não é mesmo? Quando consideramos a sua missão, a sua imersão total dentro do nosso mundo pecaminoso, podemos ver como ele não nos chama para longe dos incrédulos, mas sim para segui-lo no relacionamento com eles. Ele vê a nossa influência sobre eles como uma força santificadora para a sua glória. Esse é o princípio claramente demonstrado pela evidente indiferença de Jesus às distinções de limpo/impuro ao tocar leprosos (Mt. 8:3) e mortos (Mc. 5:41, Lc. 7:14). Para o Senhor Jesus, uma mestiça samaritana promíscua não era imunda (Jo. 4:9). Ela era uma alma ressequida que precisava de um gole de sua água viva transformadora de vidas. Ele se associava com pecadores e cobradores de impostos (Mt. 9:10-11; 11:19, Lc. 15:1) e, ao fazê-lo, enfureceu os que se orgulhavam de sua separação do mundo e cumprimento meticuloso da lei. Sua santidade os contagiou, e não o contrário. Sua presença em nosso mundo pecaminoso não poluiu sua santidade. Em vez disso, ele se identificou conosco com o propósito de nos tornar santos.

Essa mensagem de integração abalou a igreja judaica primitiva em seu núcleo. O próprio Pedro precisou de uma visita chocante de Deus para superar o preconceito contra aqueles fora da família da fé, ainda que ele tenha passado anos observando a interação de Jesus com gentios e pecadores. Aqui está o testemunho de Pedro sobre sua mudança de coração: "Vós bem sabeis que é proibido a um judeu ajuntar-se ou mesmo aproximar-se a alguém de outra raça; mas Deus me demonstrou que a nenhum homem considerasse comum ou imundo" (At. 10:28, ver também Rm. 14:14; 1Co. 5:9-10).

É muito importante notar que as associações "proibidas" a que Pedro se refere aqui não eram restrições impostas pelo Senhor. Não, elas eram, na verdade, mera tradição judaica, um cerco legalista e sem compaixão das nações ao seu redor para preservar sua pureza. Em um esforço para serem "super santos", os fariseus haviam expandido as proibições de Deus sobre a mistura no casamento e adoração para proibirem qualquer associação com incrédulos. Pedro havia sido instruído a não se "associar" ou "visitar" qualquer um que não fosse judeu. *Esse nunca foi o plano de Deus para o seu povo.* O fato de que Pedro realmente teve que lutar contra a sua consciência nesse processo é óbvio, devido à sua incapacidade de se lembrar disso mais tarde em Antioquia (Gl. 2:11-14). Paulo se opôs violentamente contra a exclusividade equivocada de Pedro na forma mais forte: ele disse que isso "não procedia corretamente segundo a verdade do evangelho" (Gl. 2:14).

Pedro teve que aprender que Deus nunca havia ordenado a seu povo que se desassociasse dos incrédulos. Não, em vez disso, eles haviam sido ordenados a serem bênção para os incrédulos. O comissionamento da igreja primitiva em Atos 1:8

inclui levar essa boa-nova a todas as partes da terra, fora do nosso pequeno círculo familiar, especialmente para a nossa vizinhança. Vamos encarar isso: é impossível sermos uma testemunha para vizinhos incrédulos se os evitarmos por termos medo de que eles poluam nossa santa família.

Então, deixe todos os Andrews incrédulos virem. Sim, eles terão que ser informados sobre o comportamento adequado. Sim, eles são absolutamente ignorantes acerca da graça e da gratidão. É claro que você terá que ficar de olho em seus filhos enquanto Andrew estiver aí, e você terá que falar com os seus filhos sobre a perdição de seu novo amigo, mas um bairro cheio de pequenos incrédulos é um campo missionário maravilhoso! Sua casa e seus filhos talvez sejam a única testemunha do verdadeiro cristianismo evangélico que eles tenham visto. Mais uma vez, você terá que ter cuidado para que seus filhos não estejam sob o controle ou forte influência de incrédulos, para que eles não estejam se comprometendo em um relacionamento com eles, de qualquer outra forma que não seja para o serviço e testemunho amigável do evangelho, porém as possibilidades para relacionamentos orientados pelo evangelho são simplesmente ilimitadas.[8]

Aqui estão algumas perguntas para fazer a si mesmo à medida que você constrói uma estrutura para que seus filhos se relacionem com seus vizinhos incrédulos:

- Uma criança da vizinhança em particular é simplesmente desigrejada, ou ela frequenta a igreja e é rebelde?

- Essa criança da vizinhança parece exercer uma influência forte sobre o meu filho de forma que eu devesse protegê-lo dela?
- Meu filho é maduro o suficiente para articular limites adequados e as verdades do evangelho a uma criança da vizinhança em particular?
- Meu filho ama o Salvador, ou ele é um rebelde à procura de alguém para se rebelar com ele?
- Esta é uma situação para lembrarmos do Filho amado ou do Impostor perverso?
- Este é um momento seguro para permitir ao meu filho a possibilidade de cometer um erro em suas escolhas?

Essas perguntas refletem as glórias do Filho amado e a tragédia das mentiras do Impostor perverso. Nós não queremos entrar no seu engano, permitindo que crianças que ainda são fracas e imaturas caiam sob a forte influência de um amigo descrente. Por outro lado, nós não queremos acreditar nos enganos de nosso inimigo e deixar de testemunhar e amar aqueles que Jesus nos traz. A possibilidade de pecado está presente em ambos os lados do problema, e Satanás não se importa de que lado nós erramos.

Festa do Pijama com Incrédulos – e Luke Skywalker
Outra passagem que é frequentemente usada para reforçar os argumentos para uma vida familiar mais isolada é a de 1 Coríntios 15:33: " Não vos enganeis: as más conversações cor-

rompem os bons costumes". Essa citação sobre os males da má conversação não foi tirada de nenhuma passagem do Antigo Testamento; pode ser uma citação de uma fonte secular.[9] O ponto de Paulo em usar esta citação é bem resumida na paráfrase bíblica de Eugene Peterson, *A Mensagem*: "Não se deixem envenenar por essa conversa mole de antirressurreição. 'As más conversações corrompem os bons costumes'". Paulo estava alertando sobre os perigos da associação com aqueles dentro da igreja que negam a ressurreição. Ele não estava fazendo um comentário sobre a possibilidade ou não de filhos de crentes se associarem a filhos de descrentes.

No entanto, é óbvio que nós nos tornamos parecidos com aqueles a quem mais de perto nos associamos. Provérbios 13:20 nos ensina: "Quem anda com os sábios será sábio, mas o companheiro dos insensatos se tornará mau". À medida que os pais de Mark procuram discernir a sabedoria do evangelho, aqui estão algumas perguntas que eles podem considerar:

- Mark é excessivamente influenciado por algum garoto da equipe?
- Mark tem outros amigos crentes ou, pelo menos, amigos de lares cristãos com quem ele passa a maior parte do tempo? Em outras palavras, ele passa a maior parte do tempo andando com sábios e sob a influência dos sábios?
- Ele é capaz de resistir à pressão do mundo quando está no banco com seus companheiros de equipe?

- Você nota uma diferença significativa em sua atitude após os jogos ou treinos?
- Ele percebe que estar com os companheiros de equipe é para ser um momento intencional de tentar mostrar-lhes o evangelho por meio do seu amor, serviço e humildade? Ou ele cai na armadilha de tentar se encaixar?

Vamos supor que Mark pareça ser capaz de manter a cabeça no lugar quando está com a equipe, então você pensa em permitir sua ida à festa do pijama. Mas essa não é a única decisão que você precisa fazer. Você também tem que decidir se deixará que ele assista aos filmes da série *Guerra nas Estrelas*. Novamente, esta é uma área de grande divergência de opinião entre crentes sinceros. Ao invés de tentar construir uma tese em favor ou contra todos os meios de comunicação, nós queremos que você pense sobre essas questões à luz do evangelho.

Queremos que nossos filhos conheçam e creiam na única história realmente boa. Todas as outras histórias são uma cópia ou sombra dessa. Algumas cópias são muito boas e proclamam a verdade. Outras exprimem apenas o sussurro mais tênue dela ou, por sua ausência, recordam-nos da verdade. Queremos que nossos filhos conheçam tão bem a única história realmente boa que, quando eles virem Luke Skywalker, Harry Potter, Frodo, Anne de Green Gables, Ariel ou A Bela Adormecida, eles sejam capazes de reconhecer os fios de verdade e engano que há neles. Nós queremos que eles sejam capazes de reconhecer os grandes temas do evangelho: o amor sacrificial, a entrega de nossa vida pelos nossos inimigos, a ressurreição e reinado do Senhor. Queremos que eles identifiquem perdão, justiça, redenção e a luta contra o mal, quer isso chegue até eles por meio de livros ou do Optimus Prime. Saturar nossos filhos com a única história realmente boa lhes permitirá discernir tanto a verdade quanto o erro que chegam do mundo até eles.

Enfim, Por que Deixá-los Ver Qualquer Coisa?

Por que desejaríamos que nossos filhos se familiarizassem com qualquer tipo de mídia moderna, afinal? Por que não basta simplesmente lhes dizermos que eles não podem assistir a qualquer filme ou televisão, ouvir qualquer música com menos de duzentos anos de idade ou ler qualquer livro moderno? Por quê? O evangelho nos dá três razões.

Em primeiro lugar, nossos filhos eventualmente crescerão e se tornarão indivíduos autônomos. Isso é bom e faz parte do curso natural da vida, mas porque o evangelho nos diz que eles são naturalmente pecaminosos, eles, sem dúvida, farão algumas escolhas insensatas. Nossa esperança é que se os tivermos instruído a discernirem a única história realmente boa e a julgarem cada outra história a partir dela, eles estarão mais bem equipados para responderem às mentiras do perverso Impostor quando as ouvirem.

Em segundo lugar, o evangelho nos diz que o mal não se origina unicamente fora de nós. O próprio Jesus corrigiu o equívoco dos fariseus sobre o que contamina uma pessoa ao dizer: "O que *sai* do homem, isso é o que o contamina" (Mc. 7:20).

A nossa propensão para o mal é elementar e enganosa à nossa natureza. Não precisamos que ninguém nos ensine a pecar, e não somos capazes de manter o mal fora de nós, pois ele reside dentro de nós. Ele vem a nós a partir de nossa própria natureza pecaminosa, e mesmo que tentemos nos proteger dele, como o filme de M. Night Shyamalan de 2004, *A Vila*, demonstra, você simplesmente não poderá mantê-lo fora. Onde quer que estejamos, o mal existe – e não apenas o potencial para o mal, mas o mal real. O que já está em nossos corações é o que nos contamina, não o que nos vem pelos meios de comunicação.

Finalmente, o evangelho nos ensina que Deus nos chamou para ministrarmos à nossa cultura saturada pela mídia. Não fomos chamados para ministrar em 1800 ou mesmo em 1950. Quer queiramos ou não, nossos vizinhos sabem sobre tudo o que há para saber a respeito de música, TV e cinema. *Essa é a própria língua que eles falam; ela informa e molda todas as suas filosofias e desejos.* Sim, é claro que temos língua, filosofia e desejo diferentes. Nós somos diferentes, mas a nossa diferença não deveria ser porque nós não sabemos quem é o vilão Voldemort, do filme Harry Potter. Somos diferentes porque conhecemos a única história realmente boa, e ela transformou nossas vidas e nos libertou do verdadeiro Voldemort, e nossos vizinhos precisam saber disso.

Por favor, não nos interpretem mal. Não estamos dizendo que todos os filmes ou até mesmo que muitos filmes são adequados para os nossos filhos. Mas alguns são, e alguns são tão icônicos que é necessária, pelo menos, uma familiaridade com eles para construirmos pontes até nossos vizinhos. Não queremos ser conhecidos como a família estranha que odeia tudo o que a vizinhança aprecia. Queremos ser conhecidos como a família estranha que transborda de amor, serviço e alegria. Aqui estão algumas perguntas que você pode fazer a si mesmo, à medida que busca sabedoria para discernir sobre a exposição aos meios de comunicação (TV, música, videogames e filmes):

- Será que esse meio de comunicação tem algum valor redentivo? Em outras palavras, existe alguma maneira através da qual podemos usá-lo para ilustrar a única história realmente boa? Os grandes temas do evangelho são evidentes (embora essa possa não ser uma produção "cristã")?
- Nossos filhos são indevidamente influenciados por esse filme ou programa? Será que eles imitam palavras ou frases inapropriadas após passar um tempo interagindo com ele?
- Nossos filhos são capazes de articular o que está faltando nesse vídeo ou música? Será que eles enxergam como ele é contrário ao evangelho? Eles são capazes de lhe dizer onde eles veem a única história realmente boa nele?
- Qual é a atitude do seu filho quando o acesso a esse programa lhe é negado? Será que ele se tornou um ídolo no coração do seu filho, um deus que lhe promete a felicidade?

- Existe alguma maneira que você possa demonstrar uma disposição de se comprometer com o seu filho sobre essa canção? Por exemplo, em vez de dizer não a um álbum inteiro, talvez você pudesse encontrar algumas canções nele que fossem aceitáveis.
- Você está sendo governado pelo medo do que poderia acontecer se o seu filho assistisse ou ouvisse esse programa ou álbum? Ou, você é capaz de pensar claramente sobre a influência que o entretenimento pode ou não ter sobre o seu filho?

Lembre-se da Infantilidade deles

Crianças são chamadas de crianças porque elas ainda estão pensando e raciocinando de maneira infantil. Elas não têm a maturidade para filtrarem as palavras e imagens que vêm sobre elas. Nós temos que ser sábios por elas e julgar que tipo de material elas são capazes de processar.

Sabemos pelas Escrituras que as palavras podem entrar no coração ou no ser interior de crianças e adultos (Sl. 119:11; Jr. 15:16). Devido a isso, crianças pequenas devem ser protegidas de imagens que são assustadoras, porque elas não entendem que há uma maneira de fazer uma imagem que não é real parecer real na tela do cinema. Em sua infantilidade, elas simplesmente acreditam em seus olhos. Então, quando seus olhos veem algo que é esmagadoramente assustador, elas levarão essa imagem consigo. As crianças devem ser protegidas contra monstros.

As crianças também devem ser protegidas de imagens que retratam meninos e meninas ou homens e mulheres agindo de forma que elas não são capazes de entender. Crianças pequenas não precisam assistir beijos ou qualquer outra forma de sexualidade, simplesmente porque elas ainda estão raciocinando como crianças. Elas não entendem tudo o que acompanha as relações piedosas. Elas podem observar como seu pai e sua mãe são afetuosos (dentro de certos limites, é claro) porque elas sabem que essa atividade amorosa é realizada no contexto de uma relação de compromisso amoroso. Mas elas devem ser protegidas de qualquer tipo de conteúdo sexual ilícito ou prolongado.

Meninas devem ser protegidas de pensar que o seu valor é medido pelo fato de um menino gostar dela e achar que ela é bonita ou atraente. Elas precisam ser ensinadas sobre o amor que lhes foi dado por seu Salvador e que elas não precisam se vestir como uma princesa para obtê-lo. Elas podem ser ensinadas que elas são o amor e o prazer do seu Salvador e que ele é de fato o grande Príncipe do céu. Assim, elas podem ler histórias sobre princesas, e vestir-se, e fingir. Elas podem usar a imaginação para sonharem que são amadas por um grande príncipe, porque, afinal, elas foram.

Meninos devem ser estimulados a amarem suas irmãs e amigas, a respeitarem as mulheres e a não tratá-las como se não tivessem valor a não ser pela aparência. Meninos precisam ser ensinados a amarem, respeitarem e protegerem meninas, porque eles foram criados à imagem de Deus e foram amados pelo grande Príncipe guerreiro.

A Verdadeira Modéstia

Outra área que necessita de verdadeiro discernimento é a moda – roupas, acessórios e estilos de cabelo. Quer se trate dos vestidos de princesa da pequena Megan, ou do traje de banho de uma adolescente, ou da marca de um tênis de corrida, definir a forma de vestir-se modestamente é um problema em muitas famílias. A fim de descobrir a verdade do evangelho aqui, precisamos definir modéstia à luz da única história realmente boa. Infelizmente, a modéstia é comumente definida de uma maneira demasiadamente simplista – não use isto, use aquilo – mas a verdadeira modéstia que resulta em vestir-se modestamente é muito mais profunda.

Aqui está uma passagem que descreve a modéstia do Filho amado:

> Tende em vós o mesmo sentimento que houve também em Cristo Jesus, pois ele, subsistindo em forma de Deus, não julgou como usurpação o ser igual a Deus; antes, a si mesmo se esvaziou, assumindo a forma de servo, tornando-se em semelhança de homens; e, reconhecido em figura humana, a si mesmo se humilhou, tornando-se obediente até à morte e morte de cruz. (Fp. 2:5-8)

A modéstia que vemos na vida do Filho amado é uma recusa a exibir-se ou a insistir que todos lhe devem algo. Ele não proclamou sua grandeza nas ruas (Mt. 12:19); ele não se exibiu na frente de seu inimigo (Mt. 4:1-11). Embora pudesse ter chamado legiões de anjos ou destruído todos os seus caluniadores e os sempre-tão-lentos discípulos, ele se conteve. Ele não precisava da nossa aprovação ou louvor. Ele não tinha nada a provar, e viveu humildemente, porque nos amou e nunca se exibiu.

É preciso ensinar esse tipo de modéstia evangélica a nossos filhos. Sim, meninas deveriam ser ensinadas a se vestirem de forma apropriada pela simples razão de que elas devem andar nos passos do seu Salvador. Ele se humilhou e serviu os outros porque ele os amou. Elas deveriam se humilhar também, recusando-se a exibirem seus corpos de qualquer maneira porque elas amam seus irmãos cristãos e não querem tentá-los à luxúria.

Mas os rapazes devem ser modestos em seus trajes e comportamentos também. Não é porque a vovó está disposta a pagar 600 reais em um tênis de corrida que signifique que o Johnnie deva tê-los. Possuir um par de sapatos tão caro pode tentar Johnnie ao orgulho e seus amigos à inveja.

Famílias que se orgulham de vestirem-se à moda antiga também podem estar precisando olhar novamente para a única história realmente boa. A única roupa que é verdadeiramente santa é o manto da justiça que Jesus nos deu. Ele tem o direito de nos abençoar dessa maneira porque está revestido em nossa carne. Nosso revestimento com a sua bondade é um revestimento do coração em humildade e amor ao próximo, e não em aparências externas que não têm absolutamente nenhum valor contra as indulgências carnais, mas as desperta (Cl. 2:20-23). Se nos ensoberbecermos da maneira como nos vestimos, seja dentro da moda ou fora dela, estamos esquecendo a nossa verdadeira vestimenta.

"Nada dá uma boa consciência ilegítima a alguém mais do que cumprir as regras, mesmo que tenha havido uma ausência total de toda caridade real e fé".[10] Modéstia é principalmente uma questão de coração e, secundariamente, uma questão de vestimenta. Aqui estão algumas perguntas que você pode fazer a si mesmo quando se deparar com uma decisão de vestuário para o seu filho:

- Eu percebo uma diferença na maneira como minha filha age quando usa um determinado tipo de roupa?
- Será que meu filho age de forma desesperada quando tenta me fazer comprar uma camiseta de marca ou sapatos caros para ele?
- Será que isso é apenas uma preferência de estilo? Ou há alguém que meu filho está tentando imitar? Se sim, essa pessoa é alguém que ama o Senhor?
- A minha filha está disposta a gastar uma quantia exorbitante de dinheiro por uma calça nova quando há outros itens mais importantes que ela esteja precisando?
- Essa peça de roupa acentua ou exibe uma parte do corpo da minha filha de uma maneira inapropriada ou que chame atenção? Essas roupas gritam, "Olhe para mim! Veja como eu sou linda!"?
- Será que a minha filha ainda é capaz de ver as alegrias do evangelho quando usa roupas antigas ou não consegue o corte de cabelo do jeito que quer?
- Será que a minha filha entende que amar seus irmãos cristãos e guardá-los da tentação é fruto da obra de Jesus em seu coração?

Amando o Estrangeiro

Abrimos este capítulo com a passagem de Levítico sobre amar o estrangeiro em nossa vizinhança, no entanto, aqui está uma passagem do Novo Testamento que parece ordenar o isolamento do mundo:

> Não ameis o mundo nem as coisas que há no mundo. Se alguém amar o mundo, o amor do Pai não está nele; porque tudo que há no mundo, a concupiscência da carne, a concupiscência dos olhos e a soberba da vida, não procede do Pai, mas procede do mundo. Ora, o mundo passa, bem como a sua concupiscência; aquele, porém, que faz a vontade de Deus permanece eternamente. (1Jo. 2:15-17)

Por favor, note o que este versículo está dizendo e o que ele não está dizendo. Ele está dizendo que é possível termos uma ligação com a forma deste mundo de fazer negócios, de adquirir bens, que é absolutamente antitética e contrária ao amor do Pai. Todos nós somos atraídos pelo canto de sereia das revistas de moda. Todos nós somos tentados a amar as coisas e ter orgulho final em nossas realizações. Mas esses versículos nos ensinam que, se mantivermos continuamente um forte amor pelas coisas que nos fazem orgulhosos, que nos fazem ter uma boa aparência e que provam o nosso valor, então não conhecemos realmente o "amor do Pai". Por quê? Porque o amor do Pai é tão glorioso, tão rico e belo, que essas bugigangas fúteis não têm poder para nos seduzir, pelo menos não por muito tempo.

Por favor, note também o que esse versículo não está dizendo. Ele não está dizendo que não devemos amar as *pessoas* no mundo. Como poderia o Pai, que tanto amou o mundo ao ponto de dar seu Filho para morrer por ele, nos ordenar que não o amássemos? Precisamos ter muito cuidado aqui para não confundirmos o isolamento de pessoas não salvas com verdadeira santidade. Um pastor escreveu estas sábias palavras para nós:

> Frequentemente perdemos de vista o fato de que o evangelho alcança além das nossas próprias famílias. Nós nos tornamos contentes por termos filhos gentis que dizem "por favor" e "obrigado" e esquecemo-nos de que o evangelho é destinado a informar todos os nossos relacionamentos, especialmente os que temos com aqueles do lado de fora. Relembrar as verdades do evangelho e que elas são para *esses pecadores, aqueles lá fora*, guardará os pais de enxergarem a centralidade do evangelho apenas como uma bolha, onde temos famílias do pacto piedosas que vivem apenas para a sua própria santidade, em vez de entregar a si mesmas e seus filhos pela causa do evangelho e do avanço do reino. Cristo está em uma missão do seu trono, pelo seu Espírito, por meio da Igreja e nossa família, para o mundo, para a sua glória. Nós nos unimos na missão de Cristo quando ele se volta para a sua própria e diz: "Como o Pai me

enviou, eu também vos envio". Somos chamados para ser a "luz do mundo"... Por causa da missão de Cristo de buscar e salvar o perdido, devemos nos tornar parte da mesma narrativa e nos enxergarmos como atores reais no drama de sua história redentora.[11]

Nós somos os verdadeiros atores nesse drama. Nossos filhos são atores reais nessa história. Deus escreveu o roteiro, e todo o universo é o seu palco. O final dessa peça será a completa revelação e glorificação de tudo o que Jesus fez. Ele deixou o conforto de sua casa, onde tudo era perfeitamente puro, e foi crucificado "fora da porta" da cidade (Hb. 13:12). Ele está governando sobre toda a sua igreja e sobre todo o universo agora, suplicando ao seu povo que se reconcilie com ele *através de nós, através de nossa família*! Imagine como a sua vizinhança seria transformada se você amasse o seu vizinho e encorajasse seus filhos a fazerem isso também.

Claro, essa maneira de olhar para coisas questionáveis é mais difícil do que simplesmente se mudar para o interior e viver isolado do mundo. Uma lista é sempre muito mais fácil, não é? Mas se você desejar sinceramente aprender a interagir com seus vizinhos pelo amor ao evangelho, você aprenderá a confiar na direção do Espírito Santo. Às vezes você cometerá erros. Mas você também encarnará o seu Salvador para os seus vizinhos e, afinal, essa é a razão pela qual ele mantém você aqui: "Todos os dons que possuímos foram outorgados por Deus e confiados a nós sob a condição de que sejam distribuídos para o benefício de nossos próximos".[12]

Relembrando a Graça de Deus

Por favor, não ignore o que o Espírito Santo possa estar fazendo em seu coração ao longo deste capítulo. Reserve um tempo para pensar profundamente sobre o assunto e responder às perguntas.

1) Como podemos usar situações cotidianas para lembrarmos nossos filhos da única história realmente boa?
2) Ao tomar decisões sobre a interação com a cultura mundana, você é mais ou menos protetor? Qual é a sua principal motivação ao tomar essas decisões? Como a dependência do Espírito Santo o ajuda a tomar decisões para os seus filhos?
3) Como a interação de Jesus e a busca dele por pecadores informam a maneira como você vê as situações sociais com incrédulos? Quando é necessário proibir associação com o incrédulo?
4) Por que é importante deixar nossos filhos interagirem com a sociedade e suas variadas formas de entretenimento?
5) Como você definiria a modéstia? Como você pode ajudar seus filhos a compreenderem a importância da modéstia?
6) Como a sua família se encaixa na única história realmente boa?
7) Resuma em três ou quatro frases o que você aprendeu neste capítulo.

Capítulo Oito
Vá e Diga a Seu Pai

O conhecimento do amor paterno de Deus é a primeira e mais simples, mas também a última e maior lição na escola de oração.
– Andrew Murray[1]

Praticamente todo mundo tem uma "tia Biddy" em sua vida. Você sabe, ela é aquela tia com quem seus pais lhe diziam para ser gentil. Ela também é a única que possui herança, então você sabe que lhe será vantajoso tratá-la com gentileza e visitá-la, mas é tão difícil. É difícil porque você sabe que, verdadeiramente, ela não o aprova. Ela sempre o recebe com um ar altivo, e você sabe que ela contará à sua mãe tudo o que fez de errado depois que você sair. Mesmo sabendo que ela possui recursos para ajudá-lo quando você entra em alguma confusão, você reluta em lhe pedir ajuda porque sabe que ela irá olhar para você com ainda mais desdém, e o fará rastejar um pouco e explicar por que você precisa da ajuda dela – de novo.

Ao contrário disso, quando meus netos vêm para o encontro de família, eles correm para dentro de casa e me abraçam, e todos eles querem falar comigo ao mesmo tempo. Eu tenho que expulsá-los para fora da cozinha enquanto estou fazendo o jantar porque eles querem ver, ajudar e tagarelar. Cada um tem uma história para contar, e muitas vezes eu tenho que ouvir dois ou três de uma só vez. Eu sou a vovó. Eu não sou a tia Biddy!

A diferença entre o relacionamento que temos com a nossa "tia Biddy" e a relação que os meus netos têm com a vovó pode ser resumida em uma palavra: amor. Esses queridinhos sabem que eu os amo e que eu fico muito feliz quando eles entram pela porta. O amor faz toda a diferença para que se sintam à vontade comigo. Eu não os trato com desconfiança, eu os aproximo de mim e lhes dou aconchego. Eles têm certeza do meu amor, então eles correm na minha direção, pulam no meu colo, contam piadas e histórias e pedem doces. Eles compartilham suas tristezas. Eles sabem que eu os ouvirei. Eles estão à vontade comigo e me amam porque eles sabem que eu os amo.

Orando à Tia Biddy

Quando se trata de oração, a maioria de nós simplesmente se sente culpado. Nós sabemos que devemos orar, sabemos que devemos apresentar nossos pedidos a Deus, mas, para a maioria de nós (e para nossos filhos), se formos honestos, admitiremos que orar a Deus é um pouco como visitar a velha e mal-humorada Tia Biddy. Claro que, teologicamente, sabemos que essa não é a verdade; sabemos que "Deus é amor" (1Jo. 4:8), mas, no fundo, não estamos realmente certos de que as nossas orações contam para algo além de um protocolo sem vida, exigido por um pai desapontado que nos olha com desconfiança, desaprova e exige alguma espécie de reverência antes que ele abra o cofre do banco para pegar qualquer coisa em seus tesouros. Correr para a sua presença? Assaltar a geladeira? Lavar a nossa roupa? Pedir doces? De Deus? Dificilmente. Como poderíamos pensar nele dessa forma? Afinal, ele não é a nossa vovó. Ele é o Deus santo, Senhor do céu e da terra, que sonda todo pensamento e intenção em nossos corações. "E não há criatura que não seja manifesta na sua presença; pelo contrário, todas as coisas estão descobertas e patentes aos olhos daquele a quem temos de prestar contas" (Hb. 4:13). Ter uma conversa aberta e amorosa com ele? Como?

Você se lembrará de que, no capítulo 5, apresentamos este acróstico: PGNIC (Pais Graciosos Necessitam Interceder Constantemente). Naquele momento você deve ter se esforçado para lembrar que cada uma dessas letras também significa Promessa, Governo, Nutrição, Instrução e Correção. Você provavelmente concordou mentalmente com a necessidade de oração (tanto mães quanto pais) e, então, passou para o lado mais "prático" da mensagem: aprender quando governar, quando instruir, como lembrar seus filhos das promessas de Deus. Você talvez tenha pensado: Sim, claro, os pais precisam orar constantemente. Sim, é claro. Próxima lição?

Neste capítulo, nós o encorajaremos a olhar novamente para o papel da oração na criação de filhos, mas antes de começarmos, queremos lembrá-lo de uma coisa: a salvação do seu filho não depende da sua fidelidade na oração. Ela depende apenas da oração do seu Sumo Sacerdote fiel, Jesus Cristo. Sim, ele usa meios, e sim, ele responde às orações, mas as suas orações não são a peça vital da qual tudo depende. A salvação é do Senhor.

Todo cristão sabe que fomos ordenados a orar, mas a nossa vida de oração é muitas vezes fria e sem vida. Ela tende a ser apenas mais uma tarefa em nossa lista de coisas a fazer. A maioria de nós não tem o mesmo entusiasmo que teríamos se estivéssemos indo visitar a casa de um amigo querido cuja generosidade sempre nos fascina. Nosso momento de oração é frequentemente mais parecido com uma visita à Tia Biddy. Tendemos a agir de forma preguiçosa com relação à oração porque não estamos entusiasmados a respeito de gastar tempo com Deus. Frequentemente descobrimos que o nosso plano de orar após colocarmos as crianças para fazerem a lição de casa é frustrado – de novo. Será que nossa aversão à oração é porque estamos tentando nos motivar a orar por meio da culpa? A culpa nunca redundará em oração sincera. A culpa nunca nos motiva a fazer nada extremamente amoroso.

Orando ao Seu Pai Amoroso
Como Andrew Murray escreve:

> Este é o pensamento principal em que Jesus habita. Ele nos faz ver que o segredo da oração eficaz é *ter o coração cheio do amor paternal de Deus*. Não é suficiente para nós saber que Deus é um pai; ele nos quer

fazer chegar sob a impressão completa do que esse nome implica. Temos que tomar o melhor pai terreno que conhecemos; temos que pensar na ternura e amor com o qual ele olha para o pedido de seu filho, o amor e a alegria com o qual ele concede todos os desejos justos. Devemos, então, conforme pensamos em adoração reverente, do infinito amor e paternidade de Deus, considerar como que com muito mais ternura e alegria ele nos vê chegar a ele e nos dá o que pedimos corretamente. E então, quando vemos o quanto essa aritmética divina está além da nossa compreensão e sentimos como é impossível para nós apreender a disposição de Deus para nos ouvir, ele nos faz vir e abrir o coração para que o Espírito Santo derrame o amor paternal de Deus ali.[2]

O que você precisa, como um pai que ora, é de um grande gole do imenso amor de Deus, seu Pai, não de mais ordens para orar. Você sabe que você deve orar sobre a criação de seus filhos. Você sabe como ele o ama? Compreender o amor dele por você mudará o seu tempo de oração de visitas à casa da tia Biddy para jantares de família com a vovó. O Senhor não está decepcionado com você ou com a criação de seus filhos. Ele não está decepcionado com suas orações. Ele não trata seus queridos filhos como "decepções" cujas desobediências e falhas o levam à surpresa ou ao choque. Ele não suspende o seu amor até que eles acertem suas ações. Ele já sabe o pior sobre você (em você mesmo) e o ama e aprova mesmo assim (em Cristo). Embora o seu pecado o entristeça de fato (Ef. 4:30), ele não quer que você se mantenha distante, sentado em um canto, usando um chapéu de bobo até que aprenda suas lições. Ele o convida para entrar ousadamente com alegria e confiança, sabendo que ele está ansioso para abraçá-lo. Você, como um pecador que confia em seu Filho, Jesus, é capaz de fazer isso porque o Filho ora e intercede por você. O Pai ama você. Tire alguns momentos para meditar sobre os versículos abaixo e peça ao Espírito para lhe dar fé para crer que a oração e a súplica de Jesus são poderosas o suficiente para transformá-lo de um inimigo em um filho amado. Por causa de Jesus, o seu Pai tem prazer em ouvir o som da sua voz, da mesma forma que eu amo ouvir a voz dos meus netos, só que de maneira exponencialmente maior.

> [Jesus] derramou a sua alma na morte; foi contado com os transgressores [esses somos nós!]; contudo, levou sobre si o pecado de muitos e pelos transgressores intercedeu. (Is. 53:12)

> Por isso, também pode salvar totalmente os que por ele *se chegam a Deus, vivendo sempre para interceder por eles*. (Hb. 7:25)

> Porque Cristo não entrou em santuário feito por mãos, figura do verdadeiro, porém no mesmo céu, para comparecer, agora, *por nós*, diante de Deus. (Hb. 9:24)

> Porquanto há um só Deus e um só Mediador [intercessor] entre Deus e os homens, *Cristo Jesus, homem, o qual a si mesmo se deu em resgate por todos.* (1Tm. 2:5-6)

> Filhinhos meus, estas coisas vos escrevo para que não pequeis. Se, todavia, alguém pecar, *temos Advogado [intercessor] junto ao Pai*, Jesus Cristo, o Justo. (1Jo. 2:1)

Alguma vez você já teve a experiência de entrar em um evento particular só porque estava com alguém que tinha passe livre? Eu tive. É bom caminhar até o severo segurança na porta do evento e dizer: "Eu estou com ele", e, em seguida, ver o rosto do guarda amolecer em acolhimento à medida que abre largamente a porta. Aqui está a verdade: quando você entra na sala do trono do Santo Rei do universo, Jesus está de pé ao seu lado. Você pode simplesmente dizer: "Eu estou com ele", e todo o céu está à sua disposição. Quando esquecemos quem somos e quem está intercedendo por nós, começamos a pensar que temos que endireitar o nosso agir antes de Deus se interessar em nos ouvir. Quando isso acontece, fazemos todos os tipos de tolices, como se vangloriar sobre quem é o maior. Aqui está como Paulo leva paz aos nossos corações: "Portanto, ninguém se glorie nos homens; porque tudo é vosso: seja Paulo, seja Apolo, seja Cefas, seja o mundo, seja a vida, seja a morte, sejam as coisas presentes, sejam as futuras, tudo é vosso, e vós, de Cristo, e Cristo, de Deus" (1Co. 3:21-23).

Todas as coisas são nossas! Toda resposta à oração que precisarmos é nossa. Quando mergulharmos nossa alma na graça do evangelho, perceberemos que o nosso desejo de passar mais tempo com ele em oração mudará. Ficaremos mais confortáveis em nossos momentos de oração e também começaremos a manter uma conversa ininterrupta com ele em nosso coração, pois sabemos que ele gosta de ouvir a nossa voz. Então, quando estivermos diante de uma decisão difícil, ou quando as crianças estiverem brigando ou precisarem de correção, estaremos confortáveis em correr para ele. "Senhor, eu sei que Tu estás aqui. Ajuda-me a ver-te. Dá-me graça" – esse será o clamor frequente do nosso coração. Porque o Espírito Santo ama tornar Jesus grande aos nossos olhos, ele nutrirá, instruirá e nos lembrará de sua graciosa condescendência. E quando nos esquecermos do evangelho, ele gentilmente nos corrigirá e fará Jesus parecer grandioso para nós novamente. Será que os filhos estão deixando você meio louco hoje? Lembre-se, você pode orar: "Eu sei que eu estou contigo, Senhor, e Tu tens dado tudo a mim. Por favor, ajude-me a ver-te agora".

Você também pode ter confiança quando ora porque o seu Pai celestial o ama - sim, você, pessoalmente. Ele o ama porque você está no Filho que ele ama; sim, mas também porque ele escolheu derramar seu amor sobre você. Por quê? Eu não sei. Quando meus netos me perguntam por que eu os amo, eu não pego uma lista de todas as coisas que eles fazem que os tornam dignos do meu amor. Se eles me perguntam por que eu os amo, eu simplesmente digo: "Porque você é você, e eu o amo". De certa forma, é assim com o nosso Pai celestial; mas ele o tem amado desde antes de haver um 'você' para amar. Na verdade, desde a fundação do mundo, ele nos predestinou em amor (Ef. 1:4-5). Ele foi capaz de olhar através dos corredores do tempo, ver você e dizer: "Eu o amo, eu a amo". Aqui está como o apóstolo João escreveu sobre o incompreensível amor de Deus por nós:

> Naquele dia, pedireis em meu nome; e não vos digo que rogarei ao Pai por vós. *Porque o próprio Pai vos ama*, visto que me tendes amado e tendes crido que eu vim da parte de Deus. (Jo. 16:26-27)

> Não rogo somente por estes, mas também por aqueles que vierem a crer em mim, por intermédio da sua palavra; ...eu neles, e tu em mim, a fim de que sejam aperfeiçoados na unidade, para que o mundo conheça que tu me enviaste *e os amaste, como também amaste a mim*. (Jo. 17:20, 23)

> Vede que grande amor nos tem concedido o Pai, a ponto de sermos chamados filhos de Deus; e, de fato, somos filhos de Deus. (1Jo. 3:1)

Não me admira que Paulo tenha orado para que nos fosse dada a capacidade de compreender o incompreensível: o amor de Deus por nós em Cristo. Nós nunca o entenderemos por completo. Nós nunca sondaremos as profundezas do seu amor; até mesmo na eternidade seremos surpreendidos pela graça todos os dias. Paulo orou para que nós pudéssemos "compreender, com todos os santos, qual é a largura, e o comprimento, e a altura, e a profundidade e conhecer o amor de Cristo, que excede todo entendimento (Ef. 3:18-19). À luz de toda a nossa incredulidade, realmente é necessário ter a força de Deus para crer nisto: Deus nos ama. Quando começamos a crescer nessa confiança, uma confiança que vem da graça, não a partir de nossas próprias obras, cresceremos em nosso desejo de orar também. Ele não é a tia Biddy. Ele é o nosso Pai amoroso. Aqui estão novamente mais palavras preciosas de Andrew Murray:

> Em toda a compaixão com a qual um pai escuta seu filho fraco ou doente, com toda a alegria com a qual ele ouve seu filho balbuciando, em toda a paciência gentil a qual ele tem com um filho imprudente, devemos, como em muitos espelhos, *estudar o cerne da prontidão do nosso Deus para nos ouvir*, então ele nos fará vir e abrirá nosso coração para que o Espírito Santo derrame o amor paternal de Deus ali.[3]

O Desespero Cria Pais que Oram

Além de questionar se realmente nosso Pai nos ama e quer ouvir a nossa oração, outra razão pela qual não oramos é que não estamos realmente desesperados. Se tivermos sido induzidos à complacência e à autossuficiência porque temos filhos obedientes hoje, provavelmente não sentiremos muita necessidade de orar. Como Paul Miller, autor de *O Poder de uma Vida de Oração*, admite:

> Eu demorei dezessete anos para perceber que não poderia criar meus filhos por conta própria. Isso não foi uma grande visão espiritual, apenas uma observação realista. Se eu não orasse de forma deliberada e reflexiva por cada um dos membros da minha família pelo nome todas as manhãs, eles matariam uns aos outros. Eu era incapaz de chegar dentro de seus corações. Eu estava desesperado. Mas, além disso, eu não conseguia mudar meu coração autoconfiante... [Eu vim a perceber que] criei melhor os meus filhos pela oração. Comecei a falar menos com as crianças e mais com Deus. Isso foi realmente muito relaxante.[4]

O Senhor é bom para nós ao nos tornar desesperados por ele, mas quando nos sentimos desesperados frequentemente não oramos. Em vez disso, pegamos nossos livros e tentamos descobrir o que estamos fazendo de errado ao invés de cairmos de joelhos e implorarmos ao nosso Pai por graça. Nós dobramos nossos esforços para fazermos os filhos obedecerem, e sentimos como se não tivéssemos tempo para a oração.

Sabemos que ser uma mãe ou um pai ocupado nos faz sentir, com frequência, como se nós simplesmente não tivéssemos tempo para orar. *Orar? Eu mal posso respirar!* Mesmo se esse **for o caso, se você pedir graça, o Senhor lhe permitirá manter uma conversa contínua com ele em seu coração durante todo o dia.** *Senhor, por favor, conceda-nos misericórdia agora. Senhor, eu preciso da sua graça para responder às discussões deles com gentileza agora. Senhor, por favor me dê sabedoria para ver a cruz nisso.* Esse tipo de oração silenciosa o ajudará a começar a confiar mais nele do que em si mesmo.

Agora, Ore como Missionários

A lembrança da intercessão de Cristo, o amor de nosso Pai por nós e nosso desespero são o combustível que precisamos para acender o fogo da oração fervorosa em nossos corações. A culpa não o fará. Leis a respeito disso apenas pesarão sobre nós ou nos tornarão hipócritas como o fariseu em Lucas 18. O que nós precisamos é de graça. E nós precisamos de sua graça na criação de nossos filhos também. Precisamos de graça para vê-lo em todos os lugares, graça para derramar sobre nossos filhos. Assim, à medida que falarmos com você, a partir de agora, sobre como orar pela sua forma de criar filhos e como orar por seus filhos, por favor, não se esqueça de tudo o que acabamos de dizer. Lembre-se, nós "apenas sustentamos que a nossa confiança não pode descansar em qualquer outra coisa além da misericórdia de Deus".[5]

Todos os pais cristãos são missionários. Estamos todos em uma missão do Senhor para anunciar o amor do Pai aos nossos filhos e encorajá-los, tanto quanto possível, a crer nisso. Devemos lhes falar sobre a lei, de modo que eles saibam que precisam de resgate, e então devemos lhes dizer a respeito do Salvador que os libertou da maldição da lei. Mas essa tarefa monumental é absolutamente impossível de realizarmos por conta própria. Precisamos de salvação; precisamos de um Salvador também. Então precisamos orar por ajuda. O que se segue são alguns exemplos de oração que outro missionário, Paulo, orou. Eles iluminarão e direcionarão a nossa oração para longe dos tipos de oração que somos tentados a fazer como pais – Senhor, simplesmente faça com que eles se comportem! – e para perto daqueles que mais claramente refletem a nossa missão como representantes de Cristo.

As orações de Paulo às diferentes igrejas têm padrões similares. Ao explorarmos esses padrões, poderemos aprender como orar pelo nosso campo de missão pessoal.

Eu (Jessica) aprendi que a primeira parte das orações de Paulo está sempre cheia de gratidão pelas pessoas com quem ele estava falando. Na verdade, ele simplesmente transborda com ações de graças, falando do seu amor por essas pessoas em termos surpreendentes. Ouça a linguagem amável que ele usa com sua família em Filipos: "Minha testemunha é Deus, da saudade que tenho de todos vós, na terna misericórdia de Cristo Jesus" (Fp. 1:8). Paulo ansiava por ver os tessalonicenses e se perguntava: "Que ações de graças podemos tributar a Deus no tocante a vós outros?" (1Ts. 3:9). Pelos romanos, ele estava cheio de gratidão e ansiava estar com eles (Rm. 1:8, 11). Ele disse aos Efésios que não deixou de dar graças por eles, lembrando-se deles em suas orações (Ef 1:16).

Paulo nunca deixou de orar com ternura fervorosa pelos seus filhos em Cristo. Da mesma forma, as nossas orações pelos nossos filhos deveriam transbordar com ações de graças. É claro que Paulo não tinha que acordar às 3:00 da manhã para alimentar um bebê gritando, nem separar a décima quarta briga do dia ou suportar comentários cruéis de um adolescente irritado. Eu sei que Paulo não tinha que fazer essas coisas, mas ele amava todas aquelas igrejas como se fossem seus filhos. Ele teve que repreendê-los e tolerá-los quando eles pecavam contra ele e uns contra os outros. Essas não eram igrejas modelo, com congregações perfeitas; elas eram igrejas formadas de filhos de Deus, pecadores necessitados da graça. Paulo estava tentando vê-los como Cristo os via e tentando amá-los do jeito que ele havia sido amado.

Da mesma forma, podemos pedir ao Espírito Santo para nos ajudar a vermos nossos filhos como ele vê, com muita esperança e amor. Podemos pedir-lhe para nos ajudar a sermos "detetives da graça", para nos tornarmos mais conscientes da forma como o Senhor está trabalhando na vida deles do que da forma como estão falhando. Estou tentando aprender a iniciar cada uma das minhas orações por meus filhos com palavras mais ou menos assim: *Senhor, eu te agradeço pelo Johnnie. Por favor, ajude-me a ver onde Tu estás trabalhando nele. Obrigada por sustentar sua vida. Obrigada por ele não estar fingindo ser um crente. Obrigada por ele ainda estar em nossa casa.*

Após o tempo de Paulo de agradecer pelas pessoas, ele segue dizendo-lhes a respeito de sua oração por elas. Ele faz o mesmo tipo de oração de vida cristã que normalmente fazemos. Ele ora para que eles andem de maneira digna da sua vocação, façam o bem e sejam repletos de conhecimento e sabedoria. Ele ora para que o Senhor lhes dê a graça de amar mais uns aos outros e que eles sejam restaurados à comunhão perfeita com o Senhor e uns com os outros. Estes eram os tipos de oração que eu oferecia pelos nossos filhos. Eu estava focada exclusivamente no comportamento deles. *Senhor, por favor, ajude o Josh a ser gentil hoje e a ter autocontrole*. Podemos orar pela salvação de nossos filhos ou por seu futuro cônjuge, mas normalmente eu limitava minhas orações aos comportamentos que me afetavam mais.

Após essas duas primeiras etapas, as orações de Paulo diferem da maneira que eu normalmente orava. Ele orava para que eles amassem uns ao outros, mas sempre à luz da forma como foram amados. Ele orava para que tivessem conhecimento e discernimento, mas sempre um conhecimento e discernimento a respeito do amor de Cristo por eles. Ele orava para que conhecessem o poder de Jesus em ação neles. Sim, ele de fato orava para que eles fizessem o bem, mas não para que parecessem bons ou porque ele havia trabalhado tão arduamente por eles. Ele orava para que respondessem com gratidão por Jesus Cristo. Ele pedia ao Senhor para ajudá-los a tornarem-se puros e irrepreensíveis, mas somente à luz do fato de que eles já eram chamados puros e irrepreensíveis por Deus.

Se temos filhos não regenerados, deveríamos estar clamando fervorosamente a Deus, pedindo que eles vejam a riqueza e plenitude da graça de Cristo. Na verdade, orar para que cada membro da família creia na sua graça deve ser a nossa oração constante. Nossas orações devem ecoar as de Paulo, pedindo que os olhos de nossos filhos estejam abertos para o poder glorioso de Deus, que criou os céus e que ainda cuida intimamente de suas almas.

Em cada oração, Paulo transpirava confiança na obra de Deus nas igrejas. Quando escutamos, podemos ouvi-lo orando e acreditando que as suas preces já haviam dado fruto. Essa segurança não vinha da confiança em seus santos companheiros; ele estava muito bem familiarizado com suas falhas. Em vez disso, sua confiança vinha de Deus. Ele sabia que, pelo poder do Senhor fiel, Deus os estabeleceria e guardaria. Ele orou para que fossem "fortalecidos com poder, mediante o seu Espírito" (Ef. 3:16), porque "fiel é o que vos chama, o qual também o fará" (1Ts. 5:24). Paulo estava confiante em suas orações porque ele cria nas palavras de Cristo na cruz. Quando Jesus pronunciou estas duas palavras gloriosas, "Está consumado!" (Jo. 19:30), significava que "aquele que começou boa obra em vós há de completá-la" (Fp. 1:6).

Eu (Jessica) admito que, por vezes, minha oração pelos meus filhos não é nada mais do que incredulidade vocalizada dirigida a Deus. Imagine que meu filho tenha estado irritado e cruel, machucando a mim e os outros nas últimas duas horas. Quando ele finalmente vem a mim e pede oração, eu mal consigo dizer: "Senhor, ajude-o a parar de chorar e a ser agradável". Eu oro dessa maneira porque estou com raiva e porque esqueci quem está trabalhando aqui. Eu não acredito que esteja acontecendo nada mais do que arrependimento fingido. Eu duvido que algum dia ele mude. Então, quando ele me pede para orar, eu oro, mas não tenho nenhuma ação de graça ou fé para ver o que o Senhor está fazendo. Estou me esquecendo de que não são as minhas débeis tentativas de criação de filhos que mudarão essa criança. Eu esqueço que Deus está trabalhando nele.

Às vezes, o Espírito Santo me lembra de que posso orar com confiança de que ele será mudado, não por causa da minha excelente oração ou criação, mas porque é nisso que Deus está trabalhando também. Mas nesses momentos de ira, eu me sinto só e desamparada na criação dos meus filhos. Sinto-me totalmente confusa e fraca na minha forma de criação. Mas a verdade é que não estou sozinha, eu tenho o Consolador, e ele está me ensinando que devo ter confiança em sua força, não na minha.

Então, pela fé, estou aprendendo a reformular a minha oração. Em vez de orar para que nosso filho pare de chorar e seja bom, começo a agradecer a Deus por ele. Dou graças a Deus por nosso filho ter sido confiado à nossa família. Dou graças a Deus por nosso filho ter vindo me pedir ajuda e por ele estar começando a crer que a oração pode fazer diferença. Oro para que o Senhor o ajude a amar seus irmãos e, então, começo a lembrar a nós dois o que Jesus já fez por nós. Jesus viveu em uma família com irmãos irritantes. Eles certamente eram egoístas e pecaram contra ele, ainda assim ele os amou. Na oração, lembro a mim mesma e o meu querido filho que isso é importante porque, se ele crer, esse registro de amor pode ser dele também. O Senhor transformou meu coração maravilhosamente. Em vez de ficar focada em tudo o que estou sofrendo, sou capaz de me lembrar de seus sofrimentos e pedir por graça.

Os pais podem orar por seus filhos com ação de graças, propósito e confiança. Podemos orar dessa maneira por nós mesmos também. Em momentos de fraqueza e desespero, quando nossos filhos parecem ter se esquecido de tudo o que dissemos, podemos começar a comunicação com o nosso Pai, orando para que vejamos o que ele já fez por nós. Nós podemos ser gratos pela obra de Deus em nossos filhos e em nós mesmos. Uma vez que nossos corações estejam firmados em seu grande amor, podemos orar para ele abrir os nossos olhos a fim de que possamos ver quão magnífico ele é. Ele nos amou e nos chamou de filhos queridos. Por causa do seu acolhimento amoroso, podemos amar nossos filhos, e eles podem aprender a amar também. Assim, lembrar que ele é "poderoso para fazer infinitamente mais do que tudo quanto pedimos ou pensamos, conforme o seu poder que opera em nós" (Ef. 3:20) aumentará a nossa fé para fazermos orações que são simplesmente surpreendentes. Será que o Senhor pode realmente salvar *aquela* criança? Ele é capaz de ensinar a *ela* sobre o seu amor? Será que algum dia eles realmente virão a conhecer e a crer?

Ele Sempre Ouve a Oração de Seu Filho
"Tendo, pois, a Jesus, o Filho de Deus, como grande sumo sacerdote que penetrou os céus, conservemos firmes a nossa

confissão. Porque não temos sumo sacerdote que não possa compadecer-se das nossas fraquezas; antes, foi ele tentado em todas as coisas, à nossa semelhança, mas sem pecado. Acheguemo-nos, portanto, confiadamente, junto ao trono da graça, a fim de recebermos misericórdia e acharmos graça para socorro em ocasião oportuna" (Hb. 4:14-16). Jesus Cristo nos abriu o caminho para o céu. Ele fez isso sacrificando seu sangue, permitindo que a sua carne fosse rasgada a fim de que o caminho para a presença do Pai estivesse sempre aberto para nós. Ele aniquilou todos os obstáculos que impediam a nossa entrada ao Santo dos Santos, onde habita nosso Pai que responde às orações. Desde sua primeira respiração, ele viveu uma vida de dependência perfeita do Pai, mantendo uma conversa contínua com ele, dando graças, submetendo-se. Jesus Cristo sempre orou sem cessar e sempre o fez em acordo com a vontade de seu pai. Ele derramou lágrimas e expressou grande clamor todos os seus dias no mundo, para que sua vida de oração fosse completamente justa, de confiança perfeita e submissão. Ele fez isso porque amava conversar com o Pai, mas também para que a nossa condição diante do nosso Pai fosse de oração e submissão perfeitas também.

Nós não precisamos tentar orar para provar que somos devidamente piedosos ou realmente sérios. Em vez disso, oramos porque estamos completamente seguros de que o Pai ouve nossas orações, *pois elas chegam até ele através dos lábios de seu Filho amado*. As suas orações são fracas, misturadas, inconsistentes, egocêntricas? Claro que são. Se pensarmos que elas são qualquer outra coisa, estaremos muito perto de resvalar na oração hipócrita contra a qual Jesus nos advertiu em Lucas 18. Mesmo assim, podemos ter confiança, porque os verdadeiros clamores de nosso coração são sempre expressos pelo Filho amado, nosso grande Sumo Sacerdote.

Então, incline-se para ele. Não tenha medo de falhar nisso. Não pense que ele o julgará porque você não diz as palavras certas, com a inflexão adequada e toda a teologia correta. Não pense que ele irá desdenhar de seus pedidos porque sua família é uma bagunça. Tenha certeza de que essas coisas nunca acontecerão por uma razão simples: o registro de nossa oração já foi escrito. O Pai ouve as orações perfeitamente formuladas, devidamente crentes e teologicamente perfeitas de seu Filho amado quando você ora.

Nós podemos derramar livremente o nosso coração diante do Pai, sabendo que o nosso querido Salvador purificará e transformará nossas palavras em petições que lhe agradam. Quando a sua oração for dita livremente, de forma alegre e honesta, seus filhos aprenderão a orar assim também. Ensine-lhes que ele é o Rei supremo do céu, sim, uma pessoa com quem não se deve brincar. Mas também lhes ensine que ele é o seu querido Pai, aquele que se deleita em ouvir seus pedidos, mesmo quando eles dizem tudo errado e não têm muita fé, e murmuram-nos como um último recurso. Vá e diga a seu pai tudo o que está em seu coração, e não tenha medo. O Senhor Jesus está intercedendo por todos nós.

Relembrando a Graça de Deus

Por favor, não ignore o que o Espírito Santo possa estar fazendo em seu coração ao longo deste capítulo. Por favor, reserve um tempo para pensar profundamente sobre o assunto e responder às perguntas.

1) A sua opinião acerca de Deus Pai o convida ou desencoraja a orar? Você acha que Deus está decepcionado com você?
2) Você hesita em orar porque acredita que a sua posição diante de Deus tem algo a ver com as suas boas obras, especialmente a respeito de quão bem você está se saindo como mãe/ pai?
3) De que maneira crer no evangelho muda a maneira como você pensa sobre a oração?
4) As orações de Paulo pelas igrejas o ajudam a ver como as suas orações pelos seus filhos podem ser diferentes? De que forma?
5) Como o fato de que o Filho ora perfeitamente em seu lugar encoraja-o em sua vida de oração?
6) Resuma em três ou quatro frases o que você aprendeu neste capítulo.

Capítulo Nove
Pais Fracos e Seu Forte Salvador

> *Pensei que a criação de meus filhos retrataria meus pontos fortes, sem perceber que Deus havia ordenado que revelasse as minhas fraquezas.*
> – Dave Harvey[1]

"Eu odeio vocês, e nunca mais vou voltar!" A porta bateu, e Aaron havia ido embora. Seu pai e sua mãe romperam em lágrimas – de novo. Tudo o que eles queriam era que Aaron percebesse o quanto eles o amavam e queriam o melhor para ele. Mas tudo o que Aaron podia ver era o quanto seus pais eram controladores e rigorosos comparados a todos os outros pais que conhecia. Tanto Aaron quanto seus pais se sentiam malcompreendidos, machucados e irados. Aaron havia ameaçado ir embora muitas vezes, mas seus pais nunca pensaram que realmente o faria. Como explicariam isso para a igreja? Sua família há muito havia sido louvada como a brilhante estrela exemplar da igreja. Todos os seus filhos eram tão bem-comportados, educados e gentis. Bob e Karen ouviram tantas vezes e de tantas pessoas serem ótimos pais que começaram a fazer disso a sua identidade. Mas, no último ano, o seu filho mais novo havia decidido que era hora de se rebelar contra tudo o que já haviam ensinado. Eles estavam totalmente confusos com isso. Eles haviam criado todos os filhos exatamente da mesma maneira. Por que os outros haviam se saído tão bem, e por que Aaron os odiava tanto?

"Senhor, onde Tu estás? Pensamos que irias abençoar os nossos esforços. Nós fizemos tudo o que podíamos fazer. Pensamos que o Senhor voltaria o coração dele para Ti. Por que isso está acontecendo? Onde foi que nós erramos?"

※

Trancada no banheiro, Shelley não podia acreditar no que estava acontecendo. Ela podia ouvir seus filhos gritando na outra sala. Seus meninos gêmeos estavam mais uma vez brigando por algum brinquedo com o qual já haviam brincado um milhão de vezes. Por que não podiam apenas se revezar? O que aconteceu com o *timer* que ela havia comprado para que esse problema não acontecesse mais? Ela queria ir até a sala, pegar todos os brinquedos deles e jogá-los no lixo. Mas a briga não era nem de longe o que a estava incomodando mais naquele momento. Ela acabara de encontrar e-mails escondidos em seu computador que estavam sendo enviados entre um garoto de dezesseis anos de idade da igreja e sua filha de catorze anos. Como pôde ter sido tão cega? Ela não tinha ideia de que sua filha tinha um namorado ou mesmo uma conta de e-mail. Os e-mails começaram de forma bastante inocente, mas haviam evoluído para algo que a deixava envergonhada e irada ao ler. Sua filha não estava apenas mentindo para ela, mas também esteve roubando dela para comprar pequenos presentes para o menino. Shelley conhecia o rapaz da igreja, e ele não era o tipo com o qual ela desejaria que sua filha conversasse e muito menos se "apaixonasse". A dor na boca do estômago foi ficando mais e mais forte à medida que recordava as palavras estampadas na tela. Emily e Dave deveriam se encontrar hoje para "mostrarem um ao outro o quanto eles se amavam".

Ela desejou que ao menos pudesse pedir ajuda ao marido, mas ele estava fora da cidade, mais uma vez, e não estaria em casa por mais dois dias. E mesmo quando estava em casa, ele nunca parecia tão preocupado quanto ela com o comportamento das crianças. Sua resposta típica era: "Eles são crianças; crianças são crianças". Shelley estava sentada no chão, chorando em uma toalha. Quando sua vida havia se transformado dessa maneira horrível? Ela havia sido fiel em ir à igreja. Trabalhava em tempo integral apenas para que seus filhos pudessem ir a uma escola cristã. Ela queria proteger a filha da mesma situação que a havia feito engravidar e se casar quando tinha dezenove anos.

Shelley havia orado por seus filhos quase que diariamente. Ela havia sido a líder do grupo de apoio e oração das mães da escola até o ano passado quando teve que parar de ir às reuniões porque as pressões do trabalho, dirigir até a aula de piano, de beisebol, limpar a casa e fazer o jantar tinham acabado sendo demais para ela. Essa era a maneira de

Deus puni-la? Ela deveria ter se envolvido mais no grupo de jovens deles ou na escola?

Criando Filhos para a Glória de Deus

Em meados de 1600, homens piedosos reuniram-se em Londres, Inglaterra, com o propósito expresso de desenvolver uma ferramenta de ensino para instruir crentes na fé. A primeira pergunta que fizeram e responderam foi: "Qual é o fim principal do homem?" No jargão moderno, poderíamos perguntar: "Qual é o sentido da vida? Por que estamos aqui?" A resposta a essa pergunta de significado supremo tem sobrevivido ao longo dos séculos: "O fim principal do homem é glorificar a Deus, e gozá-lo para sempre". A razão para a nossa existência é glorificar a Deus com as nossas vidas e gozá-lo agora e para sempre, por toda a eternidade. De forma simples, glorificar a Deus significa que reconhecemos a sua majestade em todas as coisas e o fazemos parecer tão glorioso quanto ele já é por meio de nossas palavras e vidas.

Todo cristão verdadeiro deseja sinceramente glorificar a Deus dessa maneira, através da adoração e obediência. Todos nós esperamos ouvir essas palavras abençoadas um dia: "Muito bem, servo bom e fiel" (Mt. 25:21). Todos os pais piedosos também esperam sinceramente que seus filhos glorifiquem ao Senhor. Queremos que nossos filhos sejam servos úteis e fiéis que um dia ouvirão a benção "bom e fiel" também. E, embora seja justo e bom que desejemos essas coisas, a verdade é que nenhum de nós sabe como Deus destinou que nós o glorificássemos. O Senhor usa cada um de seus diferentes filhos de maneiras diferentes. Talvez a maneira que ele tenha escolhido para o engrandecermos seja por meio de intenso sofrimento familiar. Talvez seja por meio de pecado e fracasso, talvez até mesmo, por morte prematura (Jo. 21:19).

Sim, cada crente é chamado a conscientemente buscar glorificá-lo, mas não somos os únicos que o fazem. Deus é grandioso demais para ser glorificado somente por meio das vidas de seus filhos vitoriosos. Ele é glorificado por nosso sofrimento e até mesmo por nossos pecados. Sua força sustentadora é glorificada quando andamos através da fornalha da aflição. Sua misericórdia e paciência são glorificadas quando ele continua a nos amar apesar de nossos fracassos. Ele é tão grandioso que é glorificado até mesmo pelo mal no mundo. Paulo colocou desta forma: "Porque dele, e por meio dele, e para ele são todas as coisas. A ele, pois, a glória eternamente" (Rm. 11:36).[2]

> Pois todas as coisas foram criadas por ele, e tudo existe por meio dele e para ele. Glória a Deus para sempre!
> (Rm. 11:36, NLH)

Tudo o que acontece só acontece por uma única razão – para *glorificar a Deus*. Deus reina como a majestade nas alturas, soberano sobre tudo, usando reis pagãos como seus servos para exaltar o seu nome. Até mesmo a insanidade do pomposo rei Nabucodonosor resultou no louvor da glória de Deus:

> Eu bendisse o Altíssimo, e louvei, e glorifiquei ao que vive para sempre, cujo domínio é sempiterno, e cujo reino é de geração em geração. Todos os moradores da terra são por ele reputados em nada; e, segundo a sua vontade, ele opera com o exército do céu e os moradores da terra; não há quem lhe possa deter a mão, nem lhe dizer: Que fazes? (Dn. 4:34-35)

O Senhor Jesus governa com primazia sobre tudo, inclusive sobre as nossas famílias, "pois, nele, foram criadas todas as coisas, nos céus e sobre a terra, as visíveis e as invisíveis, sejam tronos, sejam soberanias, quer principados, quer potestades. Tudo foi criado por meio dele e para ele. Ele é antes de todas as coisas. Nele, tudo subsiste... para em todas as coisas ter a primazia" (Cl. 1:16-18).

O Senhor Deus governa com soberania trinitária sobre tudo o que existe, livremente governando e prevalecendo para a sua glória, segundo a sua vontade. Como seus filhos, ansiamos por fazer a sua glória conhecida através da nossa fiel obediência. Esse é um bom desejo, mas uma família forte e bem-sucedida pode não ser o modo que ele escolheu para o glorificarmos. Talvez o objetivo de Deus seja que o glorifiquemos ao demonstrarmos fraqueza e até mesmo fracasso.

Os Estranhos Caminhos de Deus

Sabemos que esse é, provavelmente, um conceito muito estranho para você. As pessoas geralmente não conseguem entender bem um sucesso que parece ser um fracasso. A glória de Deus e os nossos pecados parecem mutuamente excludentes. Valorizamos a força, não a fraqueza; vitória, não derrota; finais felizes, não tragédias. Mas será que essa é a mensagem da Bíblia? Quando olhamos atentamente para a Escritura, vemos pessoas que foram sempre fiéis, fortes e vitoriosas, pessoas cujas vidas foram exemplos extraordinários de virtude e fidelidade? Vemos heróis que deixaram exemplos perfeitos para seguirmos? Ou vemos algo mais em suas vidas?

E então chegamos à mensagem insondável e abaladora de paradigmas do evangelho. Nela vemos uma menina solteira grávida, uma fuga à meia-noite para o Egito, um pregador itinerante de uma cidade no meio do nada que atraiu uma multidão de desconhecidos por um tempo e acabou abandonado, envergonhado e pendurado de forma exposta e sangrenta. No fim, ele sofreu a ausência do pai e parecia morrer em total humilhação e derrota. Como é que uma história como essa pode, de alguma maneira, trazer glória ao Criador do céu e da terra? O mal parecia ter triunfado. O pecado foi vitorioso. Tudo está perdido. A glória de Deus poderia ter sido vista se ele tivesse sido capaz de fazer todos aclamarem Cristo como o Filho amado, digno de todo o louvor e obediência. Mas com essa história? Essa fraqueza? Como sua glória poderia ser vista agora? O pecado havia realmente triunfado sobre o desejo de Deus de ser glorificado? *Os métodos de Deus viram de cabeça para baixo tudo o que pensamos saber sobre a sua glória.*

Nossa queda lhe proporcionou a oportunidade de mostrar que, na destruição do pecado, ele poderia manifestar não apenas a sua justiça, mas também glorificar a sua misericórdia em remir e perdoar o pecado, sem infringir a sua justiça... Tal é o edifício que o Todo-Poderoso elevou sobre as ruínas do pecado.[3]

"Nossa queda lhe proporcionou a oportunidade de" glorificar a si mesmo. Em um ato monumental de surpreendente graça, Deus demonstrou que é poderoso o suficiente para transformar o que se mascara como derrota absoluta em grande vitória que o glorifica. Que edifício ele "elevou sobre as ruínas do pecado"! Ele usa o nosso pecado e fracasso para engrandecer a sua misericórdia, justiça e sabedoria. E, não se engane sobre isso, o pecado de Judas, Pedro, Caifás, Pôncio Pilatos, dos guardas sedentos por sangue e das massas irracionais foi o instrumento que ele usou para glorificar a si mesmo em uma maior medida como nunca havia sido glorificado antes. "Porque verdadeiramente se ajuntaram nesta cidade contra o teu santo Servo Jesus, ao qual ungiste, Herodes e Pôncio Pilatos, com gentios e gente de Israel, *para fazerem tudo o que a tua mão e o teu propósito predeterminaram*" (At. 4:27-28).

Porque o Senhor *sempre* age para a sua glória, e porque havia predestinado o pecado dos romanos e dos judeus na execução cruel de seu Filho, o pecado deles o glorificou. Foi o meio que ele usou para manifestar a sua graça, misericórdia, justiça e amor para que cantássemos seus louvores por toda a eternidade. Pense sobre isto: nós jamais saberíamos o que é misericórdia se nunca tivéssemos pecado.

Agora, antes de você jogar este livro do outro lado da sala e nos acusar de incentivar as pessoas a pecarem, por favor, deixe-nos esclarecer algumas coisas. Não estamos incentivando ninguém a pecar. Deus odeia o pecado. Devemos odiá-lo também. E, porque nunca sabemos qual é a vontade de Deus antes de ela ser realizada, devemos *sempre* assumir que seja sua vontade ser glorificado pela nossa obediência e não por nossa desobediência. Devemos nos esforçar continuamente *com todas as nossas forças* para a "santificação, sem a qual ninguém verá o Senhor" (Hb. 12:14).

Além disso, só porque Deus usa as nossas falhas para a sua glória não nega o fato de que, se somos salvos, Jesus teve que sofrer a ira de Deus por elas. O pecado é grave. Ele fez com que o Filho sofresse. Não estamos dizendo para você pecar. Estamos dizendo para você lutar contra o pecado. Estamos dizendo para você ensinar seus filhos a lutarem contra o pecado. Mas quando o inevitável acontecer, quando você e seus filhos pecarem, quando você falhar miseravelmente, você precisa saber que Deus glorifica a si mesmo por meio do seu pecado. Tudo o que Deus faz é para a sua glória, e ele é completamente soberano sobre tudo o que acontece. Ele usa o nosso pecado e o pecado dos nossos filhos para glorificar a si mesmo. Se ele não o fizesse, nós não pecaríamos.[4]

Praticamente todos os livros sobre criação de filhos lhe dirão como ser um pai bem-sucedido de filhos bem-sucedidos e aparentemente sem pecado. Nossa adoração moderna por histórias de sucesso pessoal é claramente percebida pela quantidade de livros que descrevem métodos para produzir gigantes espirituais. Quer eles incentivem a educação e adoração integrada na família, as escolas públicas, o envolvimento da nossa família na cultura ou a mudança para uma pequena casa no campo, ser um pai bem-sucedido e criar filhos bem-sucedidos são os únicos paradigmas que parecemos estar dispostos a aceitar. Mas e se estivermos medindo o sucesso de maneira errada? É possível que a nossa percepção de sucesso não seja o plano de Deus para nós ou para nossa família? E se ele usar o nosso fracasso e a rebelião de nossos filhos para nos tornar confortadores humildes de outros sofredores para a sua glória?

E se ele nos chamou para o ministério de Jeremias e não para o de Daniel? *Há espaço em seu padrão de criação para a fraqueza e o fracasso se a fraqueza e o fracasso glorificarem a Deus?* Essas são perguntas difíceis. Ao considerarmos nossos próprios filhos, a nossa oração mais estimada é que eles busquem glorificá-lo por meio da obediência genuína e da fé. Nossos corações ficarão quebrados, e nós choraremos se eles não o fizerem. Mas, não temos que estar dispostos a dizer que o fim principal da nossa paternidade não é a nossa própria glorificação como pais excelentes, mas sim glorificar a Deus e gozá-lo para sempre, *o que quer que isso signifique?*

Gloriando-se na Fraqueza[5]

Não diferente da maioria dos outros personagens da Bíblia, a história de Paulo não é um grande sucesso mundial. Ele nunca teria sido capa da revista *Caras*. Em seus sofrimentos e fracassos, o valor da fraqueza foi ensinado a Paulo pelo próprio Senhor. Por exemplo, em Damasco, foi a vontade do Senhor que ele saísse da cidade em uma cesta na calada da noite, como um criminoso. O grande apóstolo Paulo era um fugitivo da justiça que tinha de fazer-se muito pequeno e quieto, a fim de escapar da perseguição.

Quando Paulo lista as suas credenciais do ministério, elas não incluem o que poderíamos chamar de suas "realizações". Não, em vez disso, ele se vangloria em sua fraqueza, em coisas como aflições, dificuldades, calamidades, açoites, prisões, tumultos, trabalhos, noites sem dormir e fome (2Co. 6:4-5). Alguma vez você se perguntou se faltava algo nas habilidades de comunicação interpessoal de Paulo? Talvez ele não estivesse se esforçando o bastante para se relacionar bem com as pessoas; talvez ele precisasse de um livro do tipo 'como ter uma vida melhor agora'. Por que ele teria tantos problemas se estivesse realmente servindo o Senhor?

Paulo se vangloriava de ter as verdadeiras marcas de um apóstolo, porque ele esteve "ainda mais: em trabalhos, muito mais; muito mais em prisões; em açoites, sem medida; em perigos de morte, muitas vezes" (2Co. 11:23). Ele estava constantemente "em perigos de rios, em perigos de salteadores, em perigos entre patrícios, em perigos entre gentios, em perigos na cidade, em perigos no deserto, em perigos no mar, em perigos entre falsos irmãos; em trabalhos e fadigas, em vigílias, muitas vezes; em fome e sede, em jejuns, muitas vezes; em frio e nudez. Além das coisas exteriores, há o que pesa sobre mim diariamente, a preocupação com todas as igrejas" (2Co. 11:26-28).

O que diríamos a uma mãe que teve esse grau de dificuldade na criação de seus filhos? Será que lhe diríamos que ela precisa organizar a criação de seus filhos de uma maneira mais efetiva? Será que faríamos nossos filhos ou nosso método de criação de filhos favorito desfilar diante dela? Será que lhe asseguraríamos que Deus quer que ela supere toda a sua fraqueza para que tudo ocorra mais tranquilamente? Paulo era fraco e sujeito a provações, assim como nós. *A diferença óbvia entre nós e Paulo é que Paulo se orgulhava de sua fraqueza, e nós tentamos escondê-la.* Nós lutamos contra ela. Pensamos que uma criação sem falhas, meticulosa e perfeitinha, produzindo filhinhos engomadinhos, todos alinhados como os cantores da família Von Trapp, é a única coisa que pode glorificar a Deus. *Nós estamos tornando-o pequeno demais e os nossos desejos grandes demais.*

Em outra ocasião, após receber uma revelação extraordinariamente grande de Deus, foi dado a Paulo um espinho na carne para guardá-lo de tornar-se convencido acerca do que ele havia visto. Imagine o seguinte: aqui está o grande apóstolo que possuía dons espirituais imensos, que fez orações que servem de modelo para nós hoje, e ainda, o Senhor se recusou a atender ao pedido de seu querido filho de remover o espinho.

Pense novamente: o Senhor se recusou a remover esse espinho mesmo Paulo tendo orado três vezes por sua remoção. Apesar de não sabermos o que era o espinho, sabemos que era grande. Torna-se evidente a partir das passagens acima que Paulo estava familiarizado com o sofrimento real, mas esse espinho era muito pior. Esse espinho foi ordenado por Deus para manter Paulo *humilde, dependente e fraco*.

Paulo também reconheceu que esse espinho era um mensageiro de Satanás. Aqui está a verdade surpreendente: Deus usou Satanás para guardar Paulo do pecado do orgulho. Deus sempre usa Satanás para o seu propósito, para servir o povo de Deus. Deus também usa Satanás para produzir piedade em nós, assim como ele fez com Paulo. Sim, devemos resistir ao ataque de nosso inimigo, e devemos orar para que o Senhor nos proteja dos ataques de Satanás sobre a nossa família, mas esses ataques podem ser a ferramenta que Deus usa em nossas vidas para nos impedir de outros pecados, tais como orgulho e autossuficiência.

Suas lutas contínuas como pai, a rebelião e o ódio do seu filho são simplesmente espinhos usados por seu Pai para mantê-lo perto dele. Ninguém quer um espinho, especialmente se esse espinho toma a forma de um filho amado. Nenhum de nós quer parecer fraco ou incompetente, especialmente quando se trata de dificuldades em nossa família. Nós odiamos quando não podemos nos gabar sobre a nossa criação de filhos bem-sucedida, no entanto, podemos amadurecer em nossa fé ao crer que o Senhor está enviando uma provação particular porque ela o glorificará. Será que o Senhor nos concedeu o privilégio de escolher como o glorificaremos? Será que o nosso caminho escolhido nos levaria, *em algum momento,* ao vale da sombra da morte com nossos filhos? Se gastarmos toda a nossa vida tentando evitar esse vale, como poderemos experimentar o seu conforto enquanto ele nos sustenta, por sua graça, *em meio ao* vale? O espinho se tornou o lugar onde Paulo, o apóstolo que mais escreveu sobre a graça do que qualquer outro, precisou de graça.

As fraquezas, falhas e pecados de nossa família são os lugares onde aprendemos que precisamos de graça também. É ali, através daquelas misericórdias sombrias, que Deus nos ensina a sermos dependentes humildes. É lá que ele se aproxima de nós e docemente revela a sua graça. O sofrimento de Paulo nos ensina a reinterpretar o nosso espinho. Em vez de vê-lo como uma maldição, devemos vê-lo como aquilo que nos mantém "presos perto do Senhor".[6]

Graça Toda-suficiente

Aqui estão mais palavras preciosas de Paulo, nosso irmão sofredor, após seu pedido de oração para ser liberto de seu humilhante espinho ter sido negado: "A minha graça te basta, porque o poder se aperfeiçoa na fraqueza. De boa vontade, pois, mais me gloriarei nas fraquezas, para que sobre mim repouse o poder de Cristo" (2Co. 12:9).

Paulo compreendeu que o sucesso e a força pessoal eram *barreiras* para a experiência da graça de Deus. O poder sustentador de Deus é visto e desenvolvido em nossa fraqueza e fracasso. Ele *nunca* é desenvolvido em qualquer outro lugar. O poder de Cristo flui através de pais que se gloriam em sua fraqueza pessoal e abraçam-na, e não naqueles que pensam que não precisam dele. Claro, cada um de nós rapidamente confessará que sabe da necessidade do poder de Cristo. Sim, sim, claro que confessamos. Mas a veracidade dessa confissão confiante será testada em nossa resposta à nossa própria fraqueza e fracasso, e à fraqueza, fracasso e pecado dos nossos filhos. Será que vemos essas provações como presentes de Deus? Enxergamos as lutas de nossos filhos como se nosso Salvador estivesse se aproximando de nós em amor para fazer sua graça forte em nossas vidas? Será que cremos que precisamos passar por esse tipo de humilhação para que a graça de Cristo flua através de nós até a nossa família? Queremos a sua graça tanto assim? Será que *realmente* queremos glorificá-lo?

Quer gostemos disso ou não, quer entendamos isso ou não, é bondade de Deus destruir a confiança que temos em nossa própria força, habilidades e métodos estimados. É verdade, não parece bondoso no momento. É terrivelmente doloroso assistir seu filho amado abandonar a fé ou ouvir que sua filha atrapalhou a escola dominical novamente. Quebra nossos corações quando tentamos e tentamos explicar o evangelho para os nossos pequeninos, e eles olham para nós com tédio e rancor. No entanto, é uma bondade quando Deus nos afasta da autoconfiança, porque é lá, em nosso vazio e quebrantamento, que experimentamos o privilégio de sua graça sustentadora.

Só quando chegamos a esse lugar temido de fraqueza que descobrimos o poder sustentador de Cristo. É somente quando somos finalmente libertos daquelas camisas de força tão apertadas de justiça própria que somos capazes de experimentar o verdadeiro conforto e aconchego das vestes de sua justiça.

Poder Dele, Fraqueza Sua

Nossa fraqueza é o lugar onde aprendemos a depender do seu poder. Quando somos despojados de tudo em que pensávamos que poderíamos confiar, quando estamos absolutamente desesperados por ajuda, o Senhor entra na situação em que estamos vivendo e manifesta o seu poder. Às vezes, ele nos mostra o seu poder alterando a circunstância, milagrosamente realizando o que nunca poderíamos realizar. Em outros momentos, ele nos mostra como a sua graça sustentadora nos permite suportar situações que poderiam nos esmagar. Às vezes, ele nos faz sentir o seu braço fortalecedor sustentando-nos na provação. Em outros momentos, ele nos ensina a andar pela fé, crendo que o seu braço está ali mesmo que não o sintamos. É nessas circunstâncias variadas que aprendemos sobre a sua grandeza, a sua graça sustentadora e sua capacidade de glorificar a si mesmo de maneiras que nunca teríamos imaginado.

Pensamos que filhos obedientes nos ensinarão melhor sobre a sua graça e o evangelho, e eles podem. Filhos obedientes e crentes são muitas vezes reflexos de sua grande bondade. Mas o Senhor também nos ensina sobre sua graça e o evangelho por meio de filhos difíceis. Aprendemos o que é amar como ele amou. Aprendemos a andar em seus passos, e é lá, no nosso "cenáculo" pessoal, que aprendemos a lavar os pés dos que estão nos traindo. É ali, ajoelhado diante dos nossos filhos rebeldes, que o verdadeiro poder de Deus é manifesto. A vida do filho obediente mente para nós, assegurando-nos de que ele é bom porque somos pais muito bons. Filhos difíceis nos dizem a verdade: Deus ama os seus inimigos, e ele pode nos encher da graça que nos fará dar a vida por eles também. A rebelião deles é uma verificação do evangelho: nós produzimos filhos pecadores porque somos pecadores, mas Deus ama os pecadores. O poder de Deus é revelado por meio de nossos fracassos quando atamo-nos à mensagem do evangelho de pecado e perdão, não importa quão desesperada se torne a situação.

Prazer por Amor de Cristo
"Por isso, por amor de Cristo, regozijo-me nas fraquezas, nos insultos, nas necessidades, nas perseguições, nas angústias. Pois, quando sou fraco é que sou forte" (2Co. 12:10, NVI). Paulo nos encoraja a irmos além de simplesmente nos contentarmos com as nossas dificuldades, e a regozijarmo-nos nelas. "Regozijar-se" aqui não significa que Paulo apenas disciplinou-se a responder com uma austera apatia: "Oh, bem, eu acho que é melhor assim". Não, a palavra que Paulo usa aqui é muito mais rica, com muito mais significado que isso. Ela significa que ele "tem prazer em" ou "aprova" essas coisas. Paulo não se gloria simplesmente nas suas fraquezas; não, elas lhe dão

prazer. Na verdade, a palavra "regozijar-se" que ele usou é a mesma palavra que o Pai usa para se referir ao Filho quando ele declara que ele se "compraz" nele (Mt. 3:17; 12:18; 17:5, Ma. 1:11, Lc. 3:22). As fraquezas de Paulo, os insultos, sofrimentos, perseguições e desgraças fizeram-no sorrir. Por quê? Por que Paulo acolheria fraqueza e desgraça? Paulo se regozija com essas coisas por "amor de Cristo".

Toda a vida de Paulo estava focada em proclamar uma realidade: Jesus Cristo e esse crucificado. Ele não tinha nenhum outro motivo, nenhum outro desejo, exceto que sua vida revelasse a mensagem do evangelho glorioso. Ele também cria que Deus governava soberanamente sobre todos os aspectos de sua vida, então ele viu cada provação, cada traição, deserção e toda a sua fraqueza como se Deus estivesse dando-lhe mais uma oportunidade de aprender sobre ele e de regozijar-se nele diante de um mundo observador. Foi assim que ele pôde fazer afirmações como estas:

> Como sempre, também agora, será Cristo engrandecido no meu corpo, quer pela vida, quer pela morte. (Fp. 1:20)

> Me esperam cadeias e tribulações. Porém em nada considero a vida preciosa para mim mesmo, contanto que complete a minha carreira e o ministério que recebi do Senhor Jesus para testemunhar o evangelho da graça de Deus. (At. 20:23-24)

> Estou pronto não só para ser preso, mas até para morrer em Jerusalém pelo nome do Senhor Jesus. (At. 21:13)

> Porque nós, que vivemos, somos sempre entregues à morte por causa de Jesus, para que também a vida de Jesus se manifeste em nossa carne mortal. (2Co. 4:11)

> Agora, me regozijo nos meus sofrimentos por vós; e preencho o que resta das aflições de Cristo, na minha carne, a favor do seu corpo, que é a igreja. (Cl. 1:24)

Ao responder dessa forma às aflições, Paulo estava seguindo os passos de seu querido Salvador, que, ao enfrentar a cruz, declarou: "Agora, está angustiada a minha alma, e que direi eu? Pai, salva-me desta hora? Mas precisamente com este propósito vim para esta hora. Pai, glorifica o teu nome". (Jo. 12:27-28)

Pai, Glorifica o Teu Nome

Você está disposto a orar para que o Pai glorifique o nome dele através da sua vida, da vida de seus filhos, não importa a que custo? Você está disposto a sorrir para cada fraqueza e desgraça, se isso significar que o poder de Cristo repousa sobre você e o Pai está sendo glorificado? Sabemos que essas são questões preocupantes. Elas também nos incomodam. Então, nos lançamos sobre a misericórdia de Deus e imploramos para que ele nos dê graça em cada provação. Confiamos que ele abrirá os nossos olhos para a alegria que nos espera quando todos os benefícios de sua vida, morte e ressurreição forem nossos.

Aceitamos que a fraqueza e a aflição são o meio em que vivemos agora. Mas não será sempre assim, porque, apesar de Jesus ter sido "crucificado em fraqueza", ele agora "vive pelo poder de Deus" (2Co. 13:4). O triunfo aparente de nosso inimigo sobre tudo o que amamos não é o fim da nossa história. Estamos vivendo entre dois mundos, entre o "já" e o "ainda não". Será que ele já triunfou vitorioso sobre todos os nossos inimigos? Sim! Será que ele trará todos os filhos dele em segurança para casa com ele? Sim, é claro!

A carta aos Hebreus nos assegura que o Pai pôs tudo em sujeição a Jesus, não deixando "nada fora de seu domínio" (Hb. 2:8). Será que agora vemos tudo em sujeição a ele? Não, "vemos, todavia, aquele que, por um pouco, tendo sido feito menor que os anjos, Jesus, por causa do sofrimento da morte, foi coroado de glória e de honra" (v. 9). Admitimos que não vemos tudo fazendo sentido agora para a sua glória como achamos que deveria. Nem nós, nem nossa forma de criação, nem nossos filhos parecem estar completamente sujeitos ao seu governo. Mas, com os olhos da fé, *podemos* vê-lo.

"A quem, não havendo visto, amais; no qual, não vendo agora, mas crendo, exultais com alegria indizível e cheia de glória, obtendo o fim da vossa fé: a salvação da vossa alma" (1Pe. 8-9).

Estamos lhe dizendo para abraçar a sua fraqueza e as dificuldades da paternidade porque elas são os meios que o Senhor usará para familiarizá-lo com as realidades de seu poder gracioso. Mas essa fraqueza e aflições não são tudo o que existe. Não, hoje nós podemos "alegrar-nos com a alegria que é indizível e cheia de glória", porque acreditamos que ele salvou nossas almas e que é poderoso o suficiente para salvar as almas dos nossos filhos também.

Então, vá em frente. Trabalhe para ser um pai ou mãe bem-sucedidos. Governe, nutra, instrua e corrija seus filhos na fé hoje. Ensine-os as preciosas promessas de Deus que são capazes de transformar seus corações. Ore pela salvação deles e para que venham a conhecer e crer no amor que ele tem por eles. Mas faça todos os seus trabalhos, todas as suas orações e todos os seus planos de forma *bastante flexível*. E faça do seu desejo primordial que o Pai seja glorificado em cada aspecto de sua vida, para qualquer que seja a direção que ele o leve. Talvez o plano dele seja que a sua família seja um exemplo maravilhoso de sua graça, porque você tem filhos respeitosos e obedientes. Talvez o plano dele não se pareça nada com isso. Talvez o plano dele seja a fraqueza, perseguição, calamidade, aflição. Mas qualquer que seja o plano dele para você, descanse na certeza de que ele *sempre* o fortalecerá com sua graça e para a sua glória.

Relembrando a Graça de Deus
Por favor, não ignore o que o Espírito Santo possa estar fazendo em seu coração ao longo deste capítulo. Reserve um tempo para pensar profundamente sobre o assunto e responder às perguntas.

1) Como a sua fraqueza glorifica o seu Pai celestial?
2) Como podemos ser encorajados ou encorajar nossos filhos quando nos deparamos com o pecado ou a fraqueza em nossos corações?
3) Você alguma vez considerou gloriar-se na sua fraqueza? Como isso mudaria a forma como você vê seus filhos e a si mesmo?
4) Se você tiver um filho difícil ou não arrependido, como a perspectiva de gloriar-se na fraqueza o mantém perto de Jesus?
5) Por que é bom para nós enxergarmos que somos fracos na criação de nossos filhos? Qual é a única esperança para nossos filhos e nós mesmos?
6) É difícil ou assustador para você orar para que Deus glorifique a si mesmo em sua vida da maneira que ele achar melhor? Por quê?
7) Resuma em três ou quatro frases o que você aprendeu neste capítulo.

Capítulo Dez
Descansando na Graça

Portanto, não haverá descanso para os meus ossos ou os seus, a menos que ouçamos a Palavra de graça e prendamo-nos a ela de forma consistente e fiel.
— Martinho Lutero[1]

Já havia sido uma manhã muito difícil. Seu marido havia saído para o trabalho após um acesso de raiva, uma combinação de sua preocupação com as mudanças no trabalho e o caos generalizado que lhe era peculiar de vestir e alimentar sete pessoas em sua casa apertada do tamanho de um banheiro. Além disso, havia começado a nevar durante a noite. As crianças provavelmente teriam que ficar dentro de casa durante a maior parte do dia, e seus planos de limpar o armário do corredor teriam que ser colocados de lado novamente. E agora os dois meninos mais velhos estavam brigando de novo, a filha mais velha estava dormindo no sofá *de novo*, e a mais nova estava chorando porque tinha derramado suco em todo o seu vestido de princesa – *de novo*.

Sua cabeça doía, ela sentiu um calafrio e se perguntou se isso não seria o começo de outro ataque de gripe. *Dar graça a eles? Hah!* Graça era a coisa mais distante da sua mente! Naquele momento, ela ficaria feliz se simplesmente conseguisse passar os próximos quinze minutos sem dar lugar à frustração e ao desespero, muito menos repreendê-los além do bem merecido castigo de colocar todos para pensar em diferentes cantos da casa. *Quando eu terei o meu tempo de pensar? O que eu não daria por quinze minutos de paz e tranquilidade em um canto!*

Será que o seu coração se identifica com essa história? Não importa o quão disciplinado, organizado e fiel sejamos, a realidade é que somos pecadores vivendo com outros pecadores em um mundo amaldiçoado pelo pecado. Nada que possamos fazer mudará essa realidade. Estamos cercados pelas realidades das traças, ferrugem e ladrões (Mt. 6:19), o diagnóstico sincero de Jesus da nossa condição. Sim, todas as coisas precisam ser feitas novas, mas não somos aqueles que realizarão essa renovação (Ap. 21:3-5). Somos estrangeiros e peregrinos que veem as promessas de longe e acreditam nelas (Hb. 11:13), mas estamos caminhando pela fé agora, e não pelo que vemos.

Sim, um novo dia virá quando tudo será restaurado, mas, nesse meio tempo, enquanto estamos vivendo no *ainda não*, precisamos de graça. E nós não precisamos dela só um pouquinho; não, a verdade é que estamos desesperados por toneladas dela. Precisamos dela a cada hora de cada dia. Precisamos dela quando lembramos que precisamos dela, e precisamos dela quando tudo o que podemos ver diante de nós é futilidade, problemas e decepções. Precisamos de graça. Então, agora, vamos reservar um tempo juntos para compartilharmos alguns pensamentos graciosos antes de caminharmos para o final.

Já que você conseguiu chegar até aqui, assumimos que esteja comprometido em tentar entender como o evangelho da graça de Deus transforma a criação de filhos. Sabemos que você quer dar graça a seus filhos da mesma forma que nós queremos dá-la a nossos filhos e netos. Sabemos que você anseia por compartilhar a história de Deus com eles e deseja ver a graça transformá-los. Sabemos que você os ama e quer o melhor para eles, e está empenhado em fazer o trabalho árduo que ele o chamou para fazer.

Respondendo à Graça

Talvez alguns de vocês estejam realmente muito felizes com o que já leram e já podem sentir a carga de culpa e medo indo embora. Saber que o Senhor nos ama e nos usa para a sua glória e que ele pode salvar nossos filhos, *apesar* da forma como os criamos, e não *por causa* dela, pode ter sido uma notícia muito boa para a sua alma sobrecarregada. A graça de Deus trouxe doce refresco à sua alma ressequida, e agora você realmente está começando a descansar nele. Claro, você não compreende tudo o tempo todo, e sabe que esse é o ponto – você precisa de um Salvador, e você tem um. Ufa!

Sabemos também que existem outros que apenas desejam que o que estamos dizendo seja verdade. *Quer dizer que eu posso parar de fazer, fazer e fazer, e descansar na graça e soberania de Deus somente? Parece muito bom, mas não acho que eu posso me permitir acreditar nisso. Mas e isso... e aquilo... e...?* Sabemos que essa é uma reação comum porque tivemos essa conversa com muitos pais. Eles gostariam de acreditar que podem relaxar e confiar no Senhor - se simplesmente pudessem ter certeza de que estão sendo responsáveis o suficiente. Eles têm milhares de situações que querem que trabalhemos junto com eles. *Sim, mas e se ela nunca orar? E se ele não pedir perdão? E se...? E se...?*

O amor deles pelos filhos, juntamente com o medo, faz com que eles queiram um método garantido de lidar com todas as situações com total certeza. Eles são sérios quanto a serem pais piedosos, e realmente não querem abrir uma exceção se descansar na graça signifique, de alguma maneira, que não estão cumprindo sua parte do acordo. Eles precisam de graça para crer que não há acordo, porque, se houvesse, eles nunca seriam capazes de cumprir a sua parte, não importa o quanto tentassem. Não há acordos, não há obras meritórias, apenas graça. Lembre-se, a criação de filhos não é um pacto de obras.

Recentemente estava conversando com uma mãe que está tentando lutar com as implicações da graça em seus métodos e responsabilidades como mãe. Ela admitiu que havia lido muitos livros. Ela havia se esgotado tentando ser uma boa mãe e atender todas as necessidades de todos os seus filhos, criando-os para o Senhor. Ela havia pensado que existia um acordo. Então ela os educou em domicílio, assou pão e fez suas roupas. Eles evitavam a televisão. Eles liam somente livros do século 19. Agora, em meio a toda a sua dor e exaustão, ela está tentando abraçar a graça, mas continua sendo mutilada pelo medo e culpa. "Eu queria nunca ter lido esses livros", ela admitiu. "Sinto-me culpada e exausta o tempo todo". Eu perguntei a ela: "Como você criaria seus filhos, se tudo o que você tivesse fosse a Bíblia"? "Bem, acho que eu os amaria, disciplinaria e lhes falaria sobre Jesus". Eu sorri e respondi: "Certo".

Livros, Livros e mais Livros

Em todos os séculos desde a fundação da igreja, os pais criaram filhos usando apenas a Bíblia. De verdade, até os tempos modernos, com a invenção das máquinas de impressão e as conveniências da publicação moderna, os pais tinham apenas seus próprios pais, sua comunidade e a igreja para confiar. Ainda recentemente, em 1940 e 1950, os pais não investiam tempo aprendendo novos métodos para produzir filhos de sucesso, pois, além de uma exceção ou outra, realmente não havia livros sobre o tema. Você certamente não poderia comprar livros sobre os mais recentes métodos para colocar seu filho na linha. De fato, até o famoso livro do Dr. Benjamin Spock, *Meu Filho, Meu Tesouro*, sair em 1946, os pais simplesmente criavam seus filhos da maneira que eles próprios haviam sido criados. Eles os amavam e disciplinavam e, se fossem crentes, lhes falavam sobre Jesus.

Mesmo recentemente, na década de 1950-1960, havia poucos livros sobre criação de filhos publicados pelos cristãos. Pais crentes não saíam à procura do segredo de famílias bem-sucedidas. Eles simplesmente amavam seus filhos, disciplinavam e falavam-lhes sobre Jesus. Eles não procuravam por qualquer outra coisa. Eles sabiam que criar filhos era difícil e que os filhos nem sempre se saem da maneira como esperamos, mas assumiam que conseguiriam e que seus filhos ficariam bem.

Apenas para lhe dar uma perspectiva sobre o ponto em que estamos hoje, uma pesquisa no site da *Amazon* sobre livros que tratam da criação cristã de filhos publicados entre 1970 e 2010 gerou 2.150 resultados. *Só em 2009 havia 142 livros!* E isso não leva em conta todas as centenas de livros escritos por não-cristãos sobre tudo, desde como alimentar seu filho para garantir que ele nunca seja gordo a como aumentar os resultados do seu filho no vestibular de modo que ele entre nas melhores faculdades. Qual tem sido o resultado dessa proliferação de materiais sobre criação de filhos? Estamos produzindo filhos melhores? Pais e filhos estão mais felizes, mais piedosos? Será que nossos filhos amam mais o evangelho?

Sim, sabemos que o nosso livro é mais um para a pilha continuamente crescente de livros. Esperamos que não estejamos sendo hipócritas ao criticar o número existente de livros sobre criação de filhos. Nós amamos livros. Ficamos contentes com o fato de o Senhor dar sabedoria a irmãos e irmãs para compartilharem com outros cristãos. A escrita, publicação e leitura de livros não são erradas. Somos gratas por todos os livros que lemos que tornaram as verdades do evangelho mais preciosas, mais práticas, mais queridas. Somos gratas por cada escritor cristão que gastou horas escrevendo livros úteis. Sim, somos gratas – *a menos que esses livros obscureçam a verdade do evangelho da graça.*

Como um livro cristão sobre criação de filhos poderia obscurecer a mensagem do evangelho da graça? Poderia se ele falsamente afirmasse que os pais são capazes de fabricar o sucesso final de seu filho por pura força de vontade. É claro que, nesses livros, essa força de vontade não será chamada de "sua força de vontade". Pelo contrário, ela será chamada de outros nomes mais espirituais que soam como "encontrar as necessidades mais profundas deles", ou criação "consistente" ou "dedicada". Você saberá que um livro está vagando longe da graça, se ler palavras sobre criação de filhos como estas:

> Se a sua [forma de criar filhos] está errada – é melhor acertá-la logo. Ou você pode perder sua chance de conhecer as suas mais profundas necessidades emocionais. Descubra como expressar sentimentos incondicionais de respeito, carinho e compromisso que ressoarão em suas almas – e os inspirarão pelo resto de suas vidas.[2]

Você pode ouvir a mensagem oculta desse livro que é um sucesso de vendas? O sucesso do seu filho depende inteiramente da sua capacidade de se comunicar com ele da maneira correta. "Se fizermos nosso trabalho direito como pais de incutir esses valores, nossos filhos serão um *sucesso* em tudo o que fizerem! Teremos crianças troféu!"[3] Essa é a mensagem de todo livro sobre criação de filhos que não está enraizado na graça de Deus demonstrada no evangelho. Assim como um livro sobre oração não seria essencialmente cristão se nunca mencionasse a mediação sacerdotal de Jesus ou a confiança profunda que o perdão dos pecados traz, da mesma forma, livros "cristãos" sobre criação de filhos não são cristãos se a sua mensagem principal for a lei. Se a sua mensagem não estiver enraizada e alicerçada na verdade de que você e seus filhos são profundamente pecadores, no entanto são profundamente amados, na realidade ela não é nada mais do que uma glorificação da vontade e do trabalho dos pais. Além de colocar um peso esmagador de culpa e medo sobre as costas dos pais e mães, o pensamento de que podemos mudar o coração de alguém é absurdo. Mudar os corações de nossos filhos? Somente Deus tem o poder de mudar o coração!

Muitos pais conscientes têm adotado tão profundamente esses métodos pseudo-cristãos que ficam absolutamente aterrorizados quando ouvem que precisam parar de tentar manipular seus filhos pelos métodos prescritos. Deus está no controle, e eles podem (e devem) abrir mão e confiar nele para orientar e salvar seus filhos. Quão desesperadamente precisamos lembrar que há apenas dois versículos do Novo Testamento sobre criação cristã de filhos. Só dois! Quando tornamos a criação de filhos mais complexa do que Deus a fez, nós nos afligimos com fardos muito pesados para carregarmos e estamos inconscientemente presumindo que a boa-nova do evangelho é insuficiente.

Relembrando o Evangelho da Graça – De Novo

Além disso, sabemos que algumas vezes é praticamente impossível lembrar qualquer coisa do evangelho e muito menos pensar em maneiras de concedê-lo aos nossos filhos. *Jesus? A cruz? O quê?* E então, quando nos encontramos nos debatendo sem rumo, somos tomados pela culpa, porque não estamos vivendo de acordo com nossas próprias expectativas. *Eu pensei que entender o evangelho da graça e como ele se aplica à criação de filhos me transformaria, mas aqui estou, esquecendo o que ele fez e sendo o mesmo velho eu de novo!* Quando nos esquecemos do evangelho e depois nos sentimos culpados por isso, estamos entendendo o evangelho de maneira completamente errada. Nossa alegria final como pais não depende da nossa capacidade de criar os filhos bem. O sorriso de Deus para nós não é subordinado à outra coisa senão na obra do Filho amado. Ele é baseado em nossa crença de que Jesus já fez tudo por nós perfeitamente. Graça significa simplesmente descansar no sangue e na justiça de Jesus.

Se você se identificou com o pequeno cenário com o qual abrimos esse capítulo, queremos que saiba que você também precisa de graça. Dar graça aos filhos não é um novo truque, uma chave secreta que abrirá automaticamente a porta para uma vida despreocupada e gerenciável. Isso não garantirá que seus filhos sejam piedosos, nem tornará o seu cônjuge instantaneamente mais útil quando copos de suco forem derrubados. Não é algo do qual você sempre se lembrará, nem que entenderá como se aplica em cada situação, mesmo quando se lembrar dele. *A graça é o favor de Deus dado a você por causa de Jesus Cristo, e não por causa de sua memória consistente dela.* A graça não é uma coisa. Não é uma substância que pode ser medida ou um produto para ser distribuído. É a "graça do Senhor Jesus Cristo" (2Co. 13:13). Em essência, é o próprio Jesus.[4]

A graça é manifestada na vida, morte, ressurreição e ascensão de Jesus Cristo realizadas por você. É tudo o que ele foi, é e sempre será. Ele amava perfeitamente em seu lugar. Ele obedecia de forma consistente. Ele sempre se lembrava. Ele já vive agora como seu irmão fiel e Sumo Sacerdote, intercedendo por você. O próprio Jesus Cristo é a graça de Deus para você. Ele é a porta que dá acesso ao coração amoroso de seu Pai. Graça é o que ele deu a você: é aquele favor imerecido tão caro. E com isso vem a sua força para capacitá-lo a perseverar ao longo de todas as provas da paternidade. A graça não é uma frase de efeito infalível de um livro que garantirá o sucesso da criação de filhos. Não, é uma coisa muito melhor do que isso! *É a garantida atitude favorável de Deus para com os rebeldes indignos os quais, em seu amor inescrutável, ele decidiu abençoar.*

Quando ele olha para nós com favor, como filhos amados, ele também fornece a força ou a graça de que precisamos para perseverar ao longo de todas as provações da vida, quer nos lembremos ou não de sua graça. A graça não é criada pela nossa capacidade de trabalhar nela ou até mesmo de lembrar-se dela – é por isso que é chamada de "graça". Paulo torna esse ponto bem claro ao escrever aos Romanos sobre seus compatriotas judeus salvos que eram "segundo a eleição da graça. E, se é pela graça, já não é pelas obras; do contrário, a graça já não é graça" (Rm. 11:5-6). Criar filhos na graça não é criar filhos com base em sua própria centralidade consistente do evangelho. É exatamente o oposto. Criar filhos na graça é criar filhos com base nas perfeições consistentes de Cristo *somente*.

Crescendo na Graça

Nenhum de nós, nem mesmo as autoras deste livro, sabe tudo o que um dia saberemos sobre a graça. Muitas vezes também nos esquecemos do evangelho e rapidamente escorregamos de volta para os métodos de criação de filhos movidos por qualquer outra coisa, menos pelo evangelho. Mas não estamos sozinhos na nossa deficiência em compreender e apreender a graça, razão pela qual Pedro escreveu estas palavras sobre a graça que funcionam como suporte para a sua segunda carta: "Graça e paz vos sejam multiplicadas, no pleno conhecimento de Deus e de Jesus, nosso Senhor" (2Pe. 1:2). Ele também escreveu: "antes, crescei na graça e no conhecimento de nosso Senhor e Salvador Jesus Cristo. A ele seja a glória, tanto agora como no dia eterno" (2Pe. 3:18).

Você percebe como crescer na graça é, em alguns aspectos, sinônimo de crescer em nosso conhecimento do evangelho? Em outras palavras, quanto mais tempo passarmos pensando no que Jesus já fez por nós, mais compreenderemos a graça e que fomos grandemente favorecidos pelo que Jesus fez. Esse entendimento finalmente transformará a maneira como criamos nossos filhos. Nós os agraciaremos com o nosso amor e atenção porque enxergaremos como temos sido tão abundantemente agraciados. Estaremos conscientes do nosso pecado quando virmos os deles, e deixaremos de tentar preservar nossa grande reputação como pais. Seremos pacientes porque ele tem sido paciente conosco. Nós verdadeiramente amaremos porque fomos verdadeiramente amados. Esse entendimento sobre o fundamento da graça transformará *lentamente* nossas expectativas, esperanças e desejos para nós e nossos filhos. A graça muda tudo sobre nós – mesmo quando nos esquecemos dela.

A graça transforma a nossa forma de criar os filhos porque torna o nosso pecado imenso aos nossos olhos ao mostrar-nos o horror da cruz sangrenta que era necessária antes que Deus pudesse nos favorecer com o perdão. Todo pecado que cometemos como pais foi colocado sobre ele ali. A graça torna a misericórdia enorme porque revela o preço que ele teve que pagar para nos outorgar essa graça. Merecíamos o julgamento; nos foi dado misericórdia! Ela magnifica a grande misericórdia de Deus porque vemos o sofrimento inimaginável do Filho que cumpriu toda a justiça (Mt. 3:15) e foi abandonado (Mt. 27:46). A graça magnifica Jesus Cristo e nos mostra nossa fraqueza e dependência.

Então, quando você tem aquela manhã que supera todas as manhãs, quando tudo o que poderia dar errado acontece, quando a graça não significa nada para você, é a graça dele que o sustentará. O que manhãs como essas nos ensinam é que somos como nossos filhos. Eles se esquecem, e nós também. Eles precisam de graça, e nós também. Somos parceiros na graça com eles.

Parceiros Humildes na Graça

Quando estamos nos sentindo em nosso momento mais fraco e realmente não temos ideia de como a graça ou o evangelho poderão ser aplicados em uma determinada situação (e não temos certeza se nos importamos), saberemos que não há problema em ficar em silêncio e simplesmente esperar. Muitas vezes, os nossos filhos também não entendem o evangelho ou a graça. Não precisamos tentar inventar algum discurso evangelístico que não esteja ecoando dentro de nossos corações só para ter certeza de que cobrimos todas as possibilidades. Somos parceiros com os nossos filhos porque somos exatamente iguais a eles – pecadores profundamente amados. As almas deles serão confortadas quando perceberem que não há algo intrinsecamente errado com eles por não entenderem o evangelho o tempo todo.

Por outro lado, é quando ficamos tão envolvidos em tentar saber se estamos dizendo a coisa certa no momento certo, e em tentar ver dentro de seus corações para termos certeza de que há algum tipo de fé ou de mudança, que nos tornamos temerosos de cometer erros e caímos de volta na autossuficiência. Quando pensamos que tudo depende de nós, não enxergamos como podemos fazer parceria com eles enquanto companheiros pecadores amados. Em vez disso, supomos erroneamente que cabe a nós fazê-los crer e mudar seus corações. Não podemos alcançar seus corações. Não podemos sequer alcançar os nossos (Jr. 17:5).

Sermos parceiros na graça com nossos filhos significa que estamos juntos aprendendo a confiar no Espírito Santo. Dizer aos nossos filhos que nós também estamos nos esforçando para entendermos como o evangelho pode nos mudar e admitirmos que realmente não estamos vendo isso agora lhes ensinará que a fé não significa que temos certeza ou clareza o tempo todo. Às vezes precisaremos simplesmente governá-los, enquanto esperamos por uma luz. Em momentos como esse, podemos honestamente lhes dizer que estamos tentando ver o que verdadeiramente é o evangelho e que estamos caminhando no escuro.

Esse espaço para transparência e quebrantamento diante de nossos filhos e do Senhor acabará por ser um espaço de liberdade e graça, mesmo que a princípio pareça ser de desespero e humilhação. Quando realmente entendemos que não há nada que possamos dizer ou fazer que mude os corações de nossos filhos, nesse momento estamos dentro do espaço da humildade que é a única porta para a graça prometida.

> Cingi-vos todos de humildade, porque Deus resiste aos soberbos, contudo, aos humildes concede a sua graça. Humilhai-vos, portanto, sob a poderosa mão de Deus, para que ele, em tempo oportuno, vos exalte, lançando sobre ele toda a vossa ansiedade, porque ele tem cuidado de vós. Sede sóbrios e vigilantes. O diabo, vosso adversário, anda em derredor, como leão que ruge procurando alguém para devorar; resisti-lhe firmes na fé, certos de que sofrimentos iguais aos vossos

estão-se cumprindo na vossa irmandade espalhada pelo mundo. Ora, o Deus de toda a graça, que em Cristo vos chamou à sua eterna glória, depois de terdes sofrido por um pouco, ele mesmo vos há de aperfeiçoar, firmar, fortificar e fundamentar. A ele seja o domínio, pelos séculos dos séculos. Amém! (1Pe. 5:5-11)

Embora Deus tenha prometido resistir aos pais que assumem arrogantemente poder resolver a situação por seus próprios esforços, ele também prometeu dar graça àqueles que humildemente se curvam diante dele, lançando todas as suas preocupações sobre ele e admitindo suas fraquezas e pobreza. Somente a humildade, somente a confissão transparente da nossa grande necessidade resultará na graça de que precisamos tão desesperadamente para criar os pequenos companheiros pecadores em nossa casa.

Nunca seremos capazes de amá-los como deveríamos. E embora haja apenas dois mandamentos no Novo Testamento sobre criação de filhos, nunca iremos criá-los na disciplina e na admoestação do Senhor. Não perfeitamente, nunca de forma consistente. Nosso trabalho não é apenas difícil; é impossível. É nesses momentos, quando estamos mudos pelo nosso fracasso e incredulidade e caímos quebrantados de joelhos diante dele, que sua prometida graça é mais poderosa em nós. Quando estamos sentindo total desespero, quando pensamos *Eu nunca vou fazer isso direito, e mesmo quando tento, eu falho*, esse é o momento em que temos a graça para resistir ao nosso inimigo e ver como o nosso Salvador restaura, confirma, fortalece e nos estabelece.

Precisamos de dias de fracasso porque eles ajudam a humilhar-nos e, por meio deles, podemos ver como a graça de Deus é derramada sobre os humildes. É em dias como esse que as palavras "O Deus de toda a graça, que em Cristo vos chamou à sua eterna glória" (1Pe. 5:10) trarão profundo conforto e muita alegria para a sua alma. Ó, *Senhor, eu não posso vê-lo agora, e eu me sinto tão fraco e inadequado, mas o Senhor prometeu que estaremos juntos em sua glória eterna em Cristo. Senhor Jesus, agradeço a Ti e me humilho diante de Ti. Por favor, ajude-me a ver e a crer.*

É em tempos de humildade, de dizer que estamos em grande necessidade, que a sua graça nos é prometida. Você sente a necessidade de mais graça para amar seus filhos e ver o evangelho em sua vida diária com eles? Então, descanse em seus braços e receba seu quebrantamento. Ele prometeu, e ele é sempre fiel às suas promessas.

Fascine-os com o Evangelho da Graça

A única coisa que os nossos filhos realmente precisam é do evangelho da graça. Eles precisam ser absolutamente fascinados com o tipo de amor disposto a sofrer como Cristo sofreu, a perdoar da forma como ele perdoa, e disposto a abençoar da maneira como ele abençoa. Martinho Lutero escreveu que a graça nos traz o perdão dos pecados, o qual produz a paz de consciência. As palavras são simples; mas durante a tentação, "sermos convencidos em nossos corações que temos o perdão dos pecados e paz com Deus pela graça somente é muito difícil".⁵

Viver e criar filhos na graça não é o caminho mais fácil. Na verdade, é muito mais difícil descansar em sua promessa de graça do que fazer uma lista e tentar viver por ela. Alguns pais podem pensar que dar graça aos filhos equivale a dar a si mesmos um tipo de passe livre. Exatamente o oposto é verdadeiro. Dar graça aos filhos é um exercício de fé, e fé é sempre mais difícil do que obras. Ela flui a partir da humildade, um traço de caráter que nenhum de nós possui naturalmente. É por isso que a maioria das pessoas não a tem, e porque as obras, não a fé, são a pedra de tropeço da cruz. Você não está acomodado quando lhes fala sobre o amor fascinante dele. Você está fazendo o mais difícil.

Então vá em frente. Fascine abertamente os seus bebês com a cruz de Cristo. Dê-lhes graça quando eles obtiverem sucesso e graça quando eles falharem. Mostre-lhes o quanto ele ama os pequeninos, como você. Traga-os até ele e encoraje-os a pularem em seu colo e compartilharem com ele todas as histórias bobas, medos e alegrias. Assegure-os do grande prazer que Deus tem neles. E, quando eles pecarem, quando falharem, diga-lhes tudo de novo: "Ó, querido. Vamos correr para o nosso Salvador. Jesus ama os pecadores. Vamos lhe contar sobre o nosso pecado e pedir-lhe graça para o amarmos ainda mais". Então, quando lhes der graça assim, você também se encontrará fascinado com o amor e a graça de Deus.

Relembrando a Graça de Deus

Por favor, não ignore o que o Espírito Santo possa estar fazendo em seu coração ao longo deste capítulo. Reserve um tempo para pensar profundamente sobre o assunto e responder às perguntas.

1) De que maneira a graça que Deus nos revelou muda completamente a forma como criamos nossos filhos?
2) De que forma a graça de Deus nos ajuda em nossas falhas como pais?
3) Como a graça de Deus nos ajuda a vermos as nossas vitórias como pais?
4) Como você pode ser parceiro do seu filho no evangelho a partir de agora?
5) Resuma em três ou quatro frases o que você aprendeu neste capítulo.

Relembrando a Graça de Deus Mais Uma Vez

Por que não reservar um tempo agora para pensar e escrever sobre o que o Senhor lhe ensinou ao longo deste estudo?

1) O que você aprendeu sobre o evangelho da graça?

2) Releia suas respostas às perguntas descritas ao final dos capítulos anteriores. Será que você as responderia de forma diferente agora?

3) O que você aprendeu sobre si mesmo?

4) O que você aprendeu sobre criação de filhos?

5) O que você espera que o Senhor o ajude a mudar em sua vida?

6) De que forma Jesus se tornou mais doce para você por meio deste estudo? Agora reserve um momento para orar, a fim de que o Espírito Santo lhe permita compartilhar essa doçura com sua família.

Apêndice 1
A Única História Realmente Boa

Era uma vez, há muito, muito tempo atrás, um grande rei que governava em felicidade perfeita sobre todo o seu reino. Por esse reino ser tão maravilhoso e tão belo, todos os que viviam nele estavam sempre felizes. Ninguém nunca estava triste; nunca foi preciso dizer a ninguém para obedecer porque todos amavam o rei, e o rei amava todos os seus súditos.

Esse maravilhoso rei também tinha um filho, a quem amava muito ternamente. O filho sempre fazia tudo o que o pai queria que ele fizesse, porque amava muito seu pai e sabia que tudo o que o pai queria que ele fizesse era bom e o faria muito feliz. Durante anos e anos, eles viveram em total prazer e regozijo.

Então, um dia o pai disse ao filho: "Eu gostaria que você tivesse uma noiva e conhecesse a alegria de entregar-se. Você quer dar a si mesmo dessa forma, ainda que seja perfeitamente contente e feliz aqui?". "Sim, querido pai, eu adoraria ter uma noiva e servi-la". Assim, um plano foi feito.

Juntos, pai e filho foram para uma região distante do seu reino e escolheram uma noiva para alegria do filho. Mas havia um problema terrível no lugar em que sua noiva vivia: embora devesse toda a sua fidelidade ao grande rei, ela havia caído sob o feitiço de um impostor perverso que odiava o rei e a mantinha cativa. Embora sua escravidão fosse dura e brutal, ela tolamente havia escolhido servir esse maligno ao invés de trilhar em direção ao bom rei, em obediência. Quanto mais ela buscava satisfazer às demandas do impostor perverso, mais ele a escravizava e colocava terríveis e dolorosos fardos sobre suas costas.

Em sua miséria, ela propositadamente fez coisas que o grande rei havia dito a ela para não fazer, apenas para tentar provar que não era uma escrava. Em outros momentos, ela tentava ser muito boa para provar que realmente não precisava do rei de maneira alguma. Essa desobediência apenas tornou sua vida mais miserável, mas ainda assim, ela se recusou a enviar mensagens ao rei para pedir ajuda. Mas isso não impediu o grande rei. Ele a amava de qualquer maneira, e embora ela se recusasse a lhe pedir ajuda, a ajuda já estava a caminho. O filho amado estava indo resgatá-la.

Por ser tão sábio, o filho amado sabia que se ele chegasse até sua noiva vestido em vestes reais e com o seu exército, sua noiva teria muito medo dele. Ele também sabia que, a fim de resgatá-la, ele teria que sofrer exatamente como ela sofreu.

Assim, em vez de aparecer como um poderoso príncipe em um cavalo, ele se disfarçou de forma que se parecesse exatamente como ela. Seu disfarce foi tão bom que, de início, ela não o reconheceu. Ele parecia com qualquer outro servo do impostor maligno. Mas quanto mais ela ouvia o que ele dizia e via o que ele fazia, mais ela conseguia dizer que havia algo de muito diferente nele. Ao contrário do impostor perverso, ele era gentil e amoroso quando ela falhava. Quando estavam juntos, ela começava a sentir que havia esperança de ser livre das garras do impostor perverso; na verdade, estar com ele começou a fazê-la amar o grande rei novamente. Mesmo que ela estivesse mudando, ainda não havia se dado conta de que ele era o filho do grande rei.

Mas o impostor perverso sabia quem era o filho amado. Ele o reconhecia porque o havia conhecido há muito tempo, antes de se rebelar e ser expulso do belo reino. Agora, esse impostor odiava ainda mais o grande rei e estava furioso com a ideia de que ele tiraria seus escravos e o puniria por sua rebelião. Assim, ele planejou uma maneira de prender o filho amado e machucá-lo.

No início, o impostor perverso prometeu ao filho todos os tipos de presentes, se simplesmente se unisse a ele em sua rebelião contra o grande rei. Mas o filho amado recusou; ele sabia que os, assim chamados, presentes do impostor apenas o envenenariam e o entristeceriam. O enganador das trevas não poderia enganá-lo. Assim, em ira furiosa, ele fez a coisa mais terrível já feita. Ele enganou alguns de seus servos para que se levantassem contra o filho. Ele os fez simularem que estavam servindo o grande rei, e eles acusaram o filho de dizer coisas sobre si mesmo e sobre o rei que não eram verdade.

Claro, a qualquer momento que ele quisesse, o filho poderia ter mostrado a eles quem realmente era, mas isso não fazia parte do plano de seu pai. Não, no plano de seu pai, o filho amado teria que morrer pela tolice e maldade de sua noiva. Assim, o filho escondeu o seu verdadeiro poder e se permitiu ser maltratado para que ela pudesse escapar das garras do impostor. Então, a coisa mais terrível de todas aconteceu: o povo matou o filho amado! Claro, o impostor perverso os enganou, fazendo-os pensar que, ao fazer essa coisa horrível, eles realmente estavam servindo o grande rei. Enquanto eles estavam tolamente zombando de seu sofrimento, todas as outras criaturas do reino choravam em grande tristeza diante dessa visão escandalosa. Tudo o que conheciam até agora havia mudado subitamente. O filho amado havia sido assassinado! Ele estava morto!

Na maioria das histórias, viria em seguida uma palavra: "Fim". Mas essa história não é como as outras. Essa história é muito diferente. Essa é a melhor história que você já ouviu. Você tem que se lembrar de que esse grande rei possuía tudo, e tinha o poder e o direito de fazer o que quisesse. Ele queria que seu filho fosse feliz com sua nova noiva (mesmo que ela houvesse acabado de matá-lo), então, após alguns dias, ele trouxe seu amado filho de volta à vida. O filho amado havia tomado a punição por todas as coisas más que sua noiva já havia feito, e seu pai havia registrado todas as coisas boas que seu filho fez e as entregou à sua noiva. Esse foi o maior presente de casamento que alguém já deu. Todo o bem foi transferido à noiva, e todo o mal, ao seu amado marido. Alguma vez você ouviu uma história assim antes?

Pelo poder do grande rei, o filho amado estava respirando novamente. Ele comeu peixe e conversou com seus amigos. Ele estava vivo! Então, após 40 dias, o filho amado voltou para casa do pai. Você consegue imaginar quão felizes eles ficaram por estarem juntos novamente? Pelo restante do tempo, eles nunca mais se separariam. Mas o filho que voltou para a casa do grande rei havia mudado. Agora, ele se parecia exatamente com sua noiva, exceto por uma coisa: ele tinha marcas em seu corpo que provavam que ele havia sofrido por sua noiva e que havia comprado o direito de tê-la para si. Essas marcas eram como um anel de casamento; elas o lembravam, e ela também era lembrada, do que ele havia sofrido em favor dela e o quanto ele a amava.

A partir de então, ele seria parecido com ela e a vigiaria e a protegeria de truques do impostor perverso. Então, quando fosse chegada a hora, ele enviaria um mensageiro para trazê-la com ele para casa. Ele fez uma promessa de nunca deixá-la sozinha e de um dia recuperar todo o reino que o impostor perverso havia tentado tomar dele. Ainda que nem todos soubessem o que o filho amado havia feito, algum dia todos saberiam e o adorariam.

Essa é a melhor história que já foi contada porque, ao contrário de outras histórias boas, essa história o transformará se você acreditar nela. Essa história é como uma porta, porque se você acreditar que ela é verdadeira, uma porta para o reino do Filho amado se abrirá para você, e você será capaz de entrar por ela.

Apêndice 2
Problemas Comuns e o Evangelho

Nas tabelas das páginas seguintes você encontrará nove problemas que os pais costumam enfrentar. Mostraremos a você uma maneira de responder a cada um desses problemas com a lembrança das Promessas do Evangelho, Governo, Nutrição, Instrução e Correção – PGNIC.

Estes exemplos servem para ajudá-lo na compreensão de como o evangelho transforma as respostas às típicas dificuldades que pais enfrentam todos os dias. Eles não são feitos para serem memorizados, como se pudessem responder a cada problema perfeitamente. Eles estão lá apenas para que você possa começar a entender os conceitos que apresentamos ao longo deste livro de uma forma mais concreta.

Como já dissemos antes, não tente aplicar cada um deles em todo tempo. Isso não é uma fórmula; é uma maneira de pensar.

Lembre-se também de que uma das respostas mais importantes quando você se depara com uma criança gananciosa, murmuradora ou preguiçosa é orar para que o Espírito Santo ajude você e seus filhos a verem como a obra de Jesus Cristo se aplica em cada circunstância. Lembre-se, nós estamos confiando na graça de Deus e não na nossa capacidade para transformar nossos filhos.

Sendo Ganancioso, Não Compartilhando o Evangelho, Mentindo

Categoria	Passagem	Exemplo
Governo ou Supervisão	Gn. 31:34–35 Êx. 20:16 Js. 7:1, 20 At. 5:1–11 Ef. 4:25	**Instruções básicas para a vida diária:** "Mentir é contra a lei de Deus. Por favor, me diga a verdade sobre o que aconteceu agora".
Nutrição no Evangelho	Zc. 13:1 Cl. 3:3	**Alimentando a alma do seu filho com a graça:** "Eu vejo que você está com medo de ser disciplinado pelo que acabou de fazer. Mas mentir só vai piorar a situação para você. Se você crer, Cristo cobriu o seu pecado com a morte dele, de modo que você não precisa tentar encobri-lo e mentir sobre o que fez".

Categoria	Passagem	Exemplo
Instrução no Evangelho	Is. 53:9 Mt. 26:57-65 1Jo. 1:9	**O que Jesus fez:** "Quando Jesus foi levado perante os juízes antes de ser crucificado, deram-lhe a chance de mentir sobre quem ele era. Se ele tivesse mentido e dito que não era Deus, eles não o teriam ferido. A Bíblia nos diz que Jesus estava triste porque seria punido não apenas pelos juízes, mas por Deus. Ele foi punido por Deus pelo seu pecado. Se ele tivesse mentido, então não teria sido crucificado, e não poderia ter pagado pelo seu pecado e levado sua punição na cruz. Mas ele não mentiu, e porque não mentiu, você pode ter a coragem de ser honesto e me dizer o que aconteceu".
Correção no Evangelho	Sl. 32:5 Pv. 28:13	**Corrigindo-o quando ele duvida ou esquece:** "Neste momento você está agindo como se não fosse suficiente para você o fato de Jesus ter tomado a punição eterna em seu lugar. Você deve se lembrar de que não tem mais que esconder o seu pecado. A cruz me diz que você e eu somos ambos terríveis pecadores e que o próprio Deus teve que morrer para pagar pelos nossos pecados. Então, por favor, seja honesto comigo sobre o que você fez. Eu já sei que você peca; eu peco também. Mas a Bíblia nos diz que se confessarmos os nossos pecados, temos a promessa de misericórdia".

Categoria	Passagem	Exemplo
Recitando as Promessas do Evangelho	Gn. 3 Mt. 27:11–13 Jo. 2:24; 3:16-18; 8:24 At. 16:31 Rm. 3:23–24; 4:22–25 1Co. 4:5 Hb. 4:13 Ap. 2:23	**Se ele não for cristão:** "Eu posso ver que você está com medo de ser disciplinado e que não quer ser honesto sobre o que fez. Você acha que a mentira o impedirá de ser punido. Não há nenhuma maneira de eu saber a verdade agora, porque eu não posso forçá-lo a dizer a verdade. Eu não posso ver o que realmente aconteceu. Você pode se esconder de mim e mentir, e eu não saberei. Mas, por favor, me ouça: Deus pode ver, e ele sabe. Ainda que não possa ser punido aqui e agora, você receberá do Deus todo-poderoso punição por todos os pecados que já cometeu. Um dia você terá que ser punido pelo seu pecado. Mas você pode voltar-se hoje para Jesus, aquele que tomou o castigo eterno em seu lugar".

Categoria	Passagem	Exemplo
Recitando as Promessas do Evangelho	Gn. 3 Mt. 27:11-13 Jo. 2:24; 3:16-18; 8:24 At. 16:31 Rm. 3:23-24; 4:22-25 1Co. 4:5 Hb. 4:13 Ap. 2:23	**Se ele for cristão:** "Jesus Cristo pagou o preço pelo seu pecado de mentir, ele também pagou o preço por qualquer pecado que você esteja tentando encobrir agora. A Bíblia chama o Diabo de 'o pai da mentira'. Você sabe qual foi a primeira mentira que Satanás disse? Ele convenceu Adão e Eva de que o amor de Deus não era suficiente para eles. Ele os convenceu de que precisavam de mais do que o amor de Deus. Por favor, saiba que cada mentira que você fala hoje está dizendo a mesma coisa. Você mente porque quer esconder o seu pecado; você não quer ser punido. Mas se você está em Jesus, ele já tomou a punição eterna em seu lugar por causa do seu amor. Você não tem que esconder o seu pecado; você já está escondido em Cristo. Jesus foi corajoso e ousado quando confrontado com a decisão de mentir e livrar-se da punição ou dizer a verdade e ser morto. Ele disse a verdade por causa de seu amor sem fim por você. Agora mesmo ele está orando para que você diga a verdade. Ele lhe deu o Espírito Santo para que tenha a coragem e a graça de dizer a verdade".

Transferindo a Culpa, Dando Desculpas

Categoria	Passagem	Exemplo
Governo ou Supervisão	Gn. 3:11-13; 4:9 1Sm. 15:20-21 Pv. 19:3 Tg. 1:13-15	**Instruções básicas para a vida diária:** "Por favor, não dê mais desculpas nem culpe qualquer outra pessoa pelo seu pecado".
Nutrição no Evangelho	1Jo. 1:8-10	**Alimentando a alma do seu filho com a graça:** "Eu sei que pode ser difícil admitir que você pecou. Eu luto contra esse pecado também. Mas o seu pecado não é culpa de ninguém, a não ser sua. A boa notícia é que Jesus pagou por todos os pecados, se você crer. E você não tem mais que dar desculpas. Por favor, apenas aceite o que ele já fez por você".
Instrução no Evangelho	Rom. 6:4-6, 12, 19	**O que Jesus fez:** "Jesus pagou pelo seu pecado ao morrer na cruz. Ele também viveu uma vida perfeita em seu lugar, então agora você não tem mais que fingir ser perfeito. O que Jesus fez por você nos diz que você não é perfeito, mas ele te ama de qualquer maneira".

Categoria	Passagem	Exemplo
Correção no Evangelho	2Co. 7:1	**Corrigindo-o quando ele duvida ou esquece:** "Neste momento você está agindo como se o que Jesus fez por você não fosse suficiente. Você está agindo como se a sua reputação fosse tudo o que importasse. Você sabe que mesmo se todo mundo pensasse que você era perfeito e que nada fosse culpa sua, isso não o faria feliz. Aqui está a boa notícia: Deus deu a você e a mim a reputação de Jesus Cristo. Ele lhe deu a sua credencial de sempre fazer o que é certo. Então você não tem que tentar me fazer pensar que sempre faz o que é certo. Por favor, pare de dar desculpas e seja honesto sobre o seu pecado e sobre quem você é. A verdade é que você é mais pecaminoso do que pode supor, mas também é mais amado do que jamais poderia imaginar".

Categoria	Passagem	Exemplo
Recitando as Promessas do Evangelho	Ec. 11:9 Mt. 12:36 Rm. 14:12 Gl. 3:11 Ti. 3:4–7	**Se ele não for cristão:** "Eu entendo por que você está tentando justificar a si mesmo e o que fez. É porque o que os outros pensam de você e o que você pensa de si mesmo é tudo o que importa. Quando estiver diante de Deus, você não será capaz de dar qualquer desculpa que conserte o modo como viveu. Mas você pode se voltar para ele hoje". **Se ele for cristão:** "Você sabe o que significa a palavra *justificado*? Significa que Deus olha para você como se você nunca tivesse pecado. Ele o enxerga do jeito que você está tentando fazer com que eu o veja agora. Mas isso não é tudo: ele também o vê como se você sempre tivesse obedecido. Você acredita nisso? Seu incrível amor por você o levou a enviar Jesus Cristo ao mundo para viver uma vida perfeita e tomar a punição no seu lugar, de modo que você seja justificado diante dele. Você não tem que culpar ninguém pelo seu pecado. Você não tem que dar desculpas pelo que fez. Tudo o que tem que fazer é se lembrar do que ele fez por você e admitir livremente que precisa da sua credencial. Você precisa dele para viver e morrer por você. Você precisa dele para fazer tudo isso por você, e ele fez, se verdadeiramente crer".

Desobedecendo

Categoria	Passagem	Exemplo
Governo ou Supervisão	Êx. 20:12 Ef. 6:1	**Instruções básicas para a vida diária:** "Neste momento você precisa fazer o que eu estou pedindo. Por favor, pare o que está fazendo e faça o que eu lhe disse para fazer".
Nutrição no Evangelho	Lc. 22:42 Tg. 4:6 1Pe. 5:5	**Alimentando a alma do seu filho com a graça:** "Eu posso ver que você quer fazer suas próprias coisas agora. Eu vejo que o que eu lhe pedi para fazer não é importante. Eu entendo o querer fazer as coisas do nosso próprio jeito. Mas Cristo lhe dará graça para ajudá-lo a obedecer, mesmo que você não queira. Ele sabe obedecer, mesmo quando é difícil. Por favor, peça a ele para ajudá-lo a obedecer agora e lembre-se de que ele sempre obedeceu perfeitamente em seu lugar".
Instrução no Evangelho	Hb. 5:7–10; 10:5–10	**O que Jesus fez:** "Jesus obedeceu nas circunstâncias mais difíceis; ele fez isso porque ele o ama, e porque ele quer derramar o seu amor sobre você. Agora, porque ele obedeceu perfeitamente, você pode lhe pedir para ajudá-lo a obedecer. Ele sabe como é ter que fazer algo difícil".

Categoria	Passagem	Exemplo
Correção no Evangelho	Fp. 2:1-11 Hb. 12:1-3	**Corrigindo-o quando ele duvida ou esquece:** "Quando você desobedece, está dizendo que o seu desejo é mais importante do que qualquer outra coisa. Você esqueceu o mais importante de tudo: Jesus Cristo foi obediente até a morte, pela alegria que lhe estava proposta. Você sabe que alegria era essa? A alegria que lhe estava proposta era redimi-lo. Por favor, veja e conheça esse amor. Sua obediência é a coisa mais bela, satisfatória e importante do mundo. Ao erguer seus olhos para a sua obediência, você será capaz de obedecer".
Recitando as Promessas do Evangelho	Gn. 6:5 Lc. 2:52 Rm. 13:1 Fp. 2:10-11 Hb. 4:15	**Se ele não for cristão:** "Eu posso ver que você acha que a única coisa que o fará feliz é fazer o que quer. Viver para si mesmo e para os seus desejos nunca o satisfará. Pelo resto de sua vida, você será chamado a obedecer a autoridades. Se não aprender isso agora, será difícil para você por toda a sua vida. E, por favor, saiba que haverá um dia em que você obedecerá a Deus, e, nesse dia, o seu joelho se dobrará e sua língua confessará que ele é o Senhor. Nesse dia será tarde demais para tentar obedecer, mas você pode se voltar para ele hoje".

Categoria	Passagem	Exemplo
Recitando as Promessas do Evangelho	Gn. 6:5 Lc. 2:52 Rm. 13:1 Fp. 2:10–11 Hb. 4:15	**Se ele for cristão:** "Você sabe que você tem a credencial perfeita de Cristo de sempre obedecer? Você percebe o quão incrível isso é neste exato segundo? Você não quer obedecer; na verdade o seu coração está programado para me desobedecer. Mesmo sabendo que deve obedecer, você decidiu que os seus desejos são mais importantes do que fazer o que Deus te chamou para fazer. Mas aqui está a boa notícia: Jesus Cristo sempre obedeceu a seus pais em seu lugar. Você consegue imaginar o que é sempre saber a melhor maneira de fazer as coisas, saber a maneira mais inteligente e mais fácil de fazer tudo, mas depois ter que obedecer ao que alguém disse? Jesus Cristo se submeteu a seus pais, para que agora você tivesse a sua perfeita credencial de obediência. Ele não apenas se submeteu a seus pais que o amavam, mas também aos governantes de sua época que o odiavam. Seria tão difícil obedecer a alguém que odeia você, e mente sobre você, e quer matá-lo, especialmente se você soubesse que ele estava completamente errado. Mas ele realmente obedeceu, ele obedeceu de modo que pudesse fazer de você o seu filho. Ele é o Pai perfeito para você, que sempre o ama e sempre quer o melhor para você. Ele me colocou em sua vida para protegê-lo e ajudá-lo a aprender a obedecer".

Provocando Outros

Categoria	Passagem	Exemplo
Governo ou Supervisão	Rm. 1:32 1Co. 13:6 Ef. 4:32 Fp. 1:18–19	**Instruções básicas para a vida diária:** "Você está sendo cruel agora. Por favor, pare de provocar a sua irmã".
Nutrição no Evangelho	Is. 53:3–5	**Alimentando a alma do seu filho com a graça:** "Estou vendo que nesse momento você está gostando de machucar a sua irmã. Você acha que a sua alegria virá do controle das emoções de sua irmã, deixando-a irada. Jesus Cristo foi machucado por sua causa. Ele foi espancado e ferido para que o seu pecado de crueldade pudesse ser perdoado. Por favor, peça a ele para ajudá-lo a aprender a amar do jeito que você foi amado".
Instrução no Evangelho	Is. 53:6–8 Mt. 20:28	**O que Jesus fez:** "O tempo todo em que esteve aqui na terra, Jesus foi maltratado, machucado e rejeitado para que pudesse mostrar a você seu maravilhoso amor. A maneira com que agora você está tentando a sua irmã para o pecado em ira é o próprio pecado pelo qual ele teve que morrer".

Categoria	Passagem	Exemplo
Correção no Evangelho	Mt. 27:27–31 Rm. 5:15–21	**Corrigindo-o quando ele duvida ou esquece:** "Neste momento você está agindo como se o amor de Jesus por você não fosse o suficiente. Ao machucar a sua irmã, você está dizendo que precisa de mais do que o amor de Jesus para lhe fazer feliz. Você está dizendo que precisa controlar alguém para ser feliz. Você sabe que Jesus foi ferido para que você pudesse ser feliz? Só existe verdadeira felicidade em seu amor por você – amor que o levou a sofrer. Quando você enxerga o extraordinário amor de Jesus por você, você pode amar a sua irmã, mesmo quando não sente vontade".
Recitando as Promessas do Evangelho	Jo. 8:34–36; 10:15–17 Rm. 6:6 Gl. 5:13–25 Hb. 2:11 1Jo. 3:16	**Se ele não for cristão:** "Eu posso ver que você está gostando de ferir sua irmã agora. Você está apreciando o controle que tem sobre ela. Por favor, entenda que o controle que você está apreciando o prenderá em uma armadilha. Você amará tentar controlar as pessoas, amará o poder que tem sobre elas, amará ferir as pessoas, e então, um dia você verá que realmente não tem controle algum. O ser mais poderoso que já existiu terá controle de como você passará a eternidade, e você será chamado para prestar contas de todas as tentações para o pecado que colocou diante de sua irmã. Mas você pode voltar-se para Jesus hoje".

Categoria	Passagem	Exemplo
Recitando as Promessas do Evangelho	Jo. 8:34–36; 10:15–17 Rm. 6:6 Gl. 5:13–25 Hb. 2:11 1Jo. 3:16	**Se ele for cristão:** "Neste momento você está tentando controlar a sua irmã ferindo-a. Você está apreciando a raiva e a dor que ela está sentindo. Você está se esquecendo de que Deus promete controlá-lo com o seu amor. Jesus Cristo foi ferido para que você pudesse ser amado. As pessoas que estavam machucando Jesus pensaram estar controlando o que estava acontecendo. Eles pensaram que estavam tomando a vida dele. A Bíblia nos diz que ele estava realmente no controle de sua morte. Ela diz que ele entregou voluntariamente a vida. Agora podemos ser controlados por seu amor. Agora ele olha para você e vê um registro perfeito de sempre ser amoroso e gentil com todos. Ele sempre amou seus irmãos perfeitamente. Deus vê o registro perfeito de Jesus de ser um irmão perfeito. Jesus é o seu irmão perfeito, tratando-o com amor e bondade. Por favor, lembre-se disso e desista de tentar ferir e controlar a sua irmã".

Brigando/Ira

Categoria	Passagem	Exemplo
Governo ou Supervisão	Tg. 4:2, 4 1Jo. 3:12	**Instruções básicas para a vida diária:** "Você tem que parar de brigar com o seu irmão".
Nutrição no Evangelho	Rm. 12:10 1Jo. 3:11–12; 4:11	**Alimentando a alma do seu filho com a graça:** "Eu entendo que você esteja muito zangado com o seu irmão agora. Você está com tanta raiva que está machucando-o. Você não está amando seu irmão da maneira que foi amado. Jesus Cristo o amou e lutou para conquistá-lo. Por causa do amor de Jesus por você, você pode amar o seu irmão".
Instrução no Evangelho	Lc. 23:34, 39–43	**O que Jesus fez:** "Quando Jesus estava na cruz, havia pessoas gritando com ele, insultando-o e tentando brigar com ele. Você sabe como ele lhes respondeu? Ele os amou. Ele ficou na cruz e não brigou com eles. Na verdade, ele salvou a alma de um dos que estavam sendo punidos ao lado dele".

Categoria	Passagem	Exemplo
Correção no Evangelho	Sl. 16:11; 21:5-6 2Co. 4:17	**Corrigindo-o quando ele duvida ou esquece:** "Quando briga com o seu amigo, você está dizendo para Deus que tudo pelo qual você está brigando é mais importante do que ele e seu amor. Se você está brigando para ser ouvido, ou para que alguém lhe diga que você está certo, ou por um brinquedo, ou sobre ser o melhor – o que quer que seja, na verdade não é nada comparado à satisfação que você pode encontrar em Cristo. Você está esquecendo o verdadeiro prêmio nesta vida. O verdadeiro prêmio é saber que você é amado por ele".
Recitando as Promessas do Evangelho	Gn. 3:15 Pv. 1:16-19 Ec. 4:8 Na. 1:2 1Co. 15:51-58	**Se ele não for cristão:** "Neste momento você está derramando a sua ira sobre o seu amigo ao brigar com ele. Você é um menino, e a sua ira e força fazem você se sentir poderoso, mas a sua força é pequena comparada ao Deus que criou e sustenta todo o universo. Por favor, saiba que ele prometeu derramar a sua ira sobre aqueles que o odeiam, e sobre aqueles que não recorrem a ele para resgatá-los dessa ira. Você pode se voltar para ele hoje".

Categoria	Passagem	Exemplo
Recitando as Promessas do Evangelho	Gn. 3:15 Pv. 1:16–19 Ec. 4:8 Na. 1:2 1Co. 15:51-58	**Se ele for cristão:** "Você sabe que a maior luta de toda a história já foi ganha? Essa foi a luta que Jesus lutou por você. Ele lutou contra Satanás e ganhou. Ele subjugou, derrotou completamente, Satanás. Ele lutou a luta para ganhar a sua alma, e devemos louvá-lo por isso. Ele entregou a vida durante essa luta, pois tinha que morrer para vencê-la. De forma extraordinária, ele ganhou. Ele morreu e ganhou. A luta não foi apenas durante a sua morte na cruz; ele lutou durante toda a sua vida. Ele lutou contra todas as tentações e todo o pecado. Toda vez que alguém o tratou com crueldade, ele lutou para amar. Essa é realmente a luta mais difícil de se travar. Mas você também pode lutar para amar os outros; você pode lutar para amar, porque ele o amou".

Murmurando

Categoria	Passagem	Exemplo
Governo ou Supervisão	Nm. 14:27 Sl. 106:25 1Co. 10:10 Fp. 2:14	**Instruções básicas para a vida diária:** "Murmurar sobre o que temos para o jantar é inadequado e desamoroso. Por favor, pare de falar agora".
Nutrição no Evangelho	At. 4:24–28	**Alimentando a alma do seu filho com a graça:** "Eu sei que você não gosta do que está acontecendo agora. Eu também percebo o meu coração ingrato e cheio de reclamações o tempo todo. Mas é preciso lembrar o que já lhe foi dado. Jesus Cristo é muito melhor do que conseguir o que você acha que quer agora. Por favor, lembre-se de que todas as situações que vivemos se destinam a tornar-nos mais semelhantes a Cristo e a trazer-lhe glória. Ele se submeteu ao plano soberano de Deus por você".
Instrução no Evangelho	Mt. 11:25 Lc. 10:21 Jo. 11:41–42	**O que Jesus fez:** "Você sabe que Jesus viveu uma vida plena de perfeita gratidão? Ele sabia que a maneira mais feliz de viver era lembrando-se de que Deus planejara todas as situações para trazer-lhe glória. Porque Jesus foi para a cruz sem murmurar, e morreu por você sem murmurar, você pode comer o seu jantar lembrando-se do seu incrível amor por você".

Categoria	Passagem	Exemplo
Correção no Evangelho	Gl. 3:9 Ef. 1:3	**Corrigindo-o quando ele duvida ou esquece:** "Eu sei que tudo o que você consegue ver agora é que não está recebendo o que quer. Eu quero lhe pedir para abrir seus olhos para tudo o que Cristo já lhe deu. Você foi abençoado com toda sorte de bênção espiritual; você tem tudo de que precisa neste exato momento".
Recitando as Promessas do Evangelho	Lc. 12:15-21; 16:23-30 Rm. 6:23 Fp. 3:7-10; 4:18	**Se ele não for cristão:** "A única coisa que pode lhe trazer qualquer tipo de alegria hoje é conseguir o que você acha que quer. Você poderia viver toda a sua vida tentando obter o que deseja e tornando-se mais e mais infeliz quando não obtém. Eu posso prometer-lhe que tudo o que você quer ou obtém aqui na terra nunca será o suficiente. Sua vida será gasta correndo atrás de algo que não existe. Não há satisfação sem Cristo; não há alegria sem Cristo. A única coisa que você terá ao final é uma pilha de pecados que tem que ser paga. E, por favor, acredite em mim quando eu digo que alguém pagará pelo seu pecado. Mas você pode se voltar para ele hoje".

Categoria	Passagem	Exemplo
Recitando as Promessas do Evangelho	Lc. 12:15-21; 16:23-30 Rm. 6:23 Fp. 3:7-10; 4:18	**Se ele for cristão:** "Não há maior tesouro do que Cristo. Você quer um jantar diferente? Ele é o sabor mais satisfatório e delicioso que você poderá experimentar. Você quer diversão? Ele é a experiência mais emocionante e apaixonante que você poderá viver. Você quer que as pessoas o tratem de forma diferente? Ele derramou todo o seu amor infindável sobre você. Você já tem o que está reclamando não ter. Você realmente tem algo melhor do que aquilo que está se esforçando para obter agora. Por favor, pare e ore para que possa ver o que você tem em Cristo Jesus. Eu lhe asseguro, você não ficará decepcionado".

Respondendo de Volta

Categoria	Passagem	Exemplo
Governo ou Supervisão	Êx. 20:12 Rm. 13:7	**Instruções básicas para a vida diária:** "Eu vou pedir para você parar de ser respondão. Você precisa ouvir o que eu vou dizer sem interromper".
Nutrição no Evangelho	Sl. 71:5–6 Is. 30:15; 32:17	**Alimentando a alma do seu filho com a graça:** "Eu posso ver que você acha que o que está tentando me dizer seja importante. Eu preciso que você me ouça quando eu digo que você precisa confiar em Deus para cuidar de você. Ele entende e sabe o que você quer dizer; ele conhece o seu coração. Ele ouve cada clamor de seus filhos, e se preocupa profundamente com tudo o que você acha que precisa. Eu preciso que você fique quieto e apenas ouça".
Instrução no Evangelho	Is. 53:7 At. 8:32 1Pe. 2:22–25	**O que Jesus fez:** "Quando Jesus Cristo estava diante de seus acusadores, diante das pessoas que o odiavam, ele ficou quieto. A Bíblia diz que ele era como um cordeiro levado ao matadouro. Ele não lutou para ter sua opinião ouvida, mesmo que sua opinião fosse a única que realmente importava. Se você está em Cristo, esse registro é seu. Porque ele foi silenciosamente à cruz para carregar o seu pecado, você pode confiar nele e ouvir em silêncio o que eu vou dizer".

Categoria	Passagem	Exemplo
Correção no Evangelho	Sl. 19:14; 36:3, 5 1Tm. 6:17–18	**Corrigindo-o quando ele duvida ou esquece:** "Eu entendo que você queira se explicar, mas estou pedindo para você ficar quieto. Eu sei que não vejo perfeitamente a situação, mas Deus vê. Orarei por sabedoria, e gostaria que você orasse para que confiasse em Deus em vez de confiar em sua própria opinião. Por favor, não me responda de volta mais, mas apenas ouça e, então, faça o que estou pedindo. Nosso Pai celestial nos dará exatamente o que precisamos no momento".
Recitando as Promessas do Evangelho	Pv. 3:5–6 Mt. 6:26	**Se ele não for cristão:** "Tentar convencer as pessoas de que você está certo e elas estão erradas será um caminho difícil para você trilhar em sua vida. Quase todo mundo lá fora tenta fazer a mesma coisa. Você se sentirá melhor argumentando, mas isso não lhe trará a justificação que está procurando. A justificação que você está procurando é encontrada somente em Cristo. Se passar a vida tentando obtê-la por seu próprio esforço, um dia você ficará diante de um Deus santo com nada além do seu pecado, e você não poderá responder-lhe de volta. Mas você pode se entregar para ele hoje".

Categoria	Passagem	Exemplo
Recitando as Promessas do Evangelho	Pv. 3:5-6 Mt. 6:26	**Se ele for cristão:** "Por favor, confie na capacidade do seu Pai celestial de cuidar de você nessa situação. Ele me colocou em sua vida para ajudá-lo agora, e você deve ouvir o que eu tenho a dizer, sem interromper. Seu cuidado por você é tão imenso que ele morreu para torná-lo seu filho. Não confie em sua capacidade de persuasão para sair desta situação; você não precisa lutar contra a situação. Por favor, apenas confie que ele nos ajudará à medida que tentamos resolver isso. Deus nos deu estas circunstâncias para que possamos aprender a não confiar em nossa própria sabedoria ou capacidade de enxergar tudo com clareza, mas para que confiássemos nele para nos orientar. Vamos orar juntos para que possamos aprender a ficar tranquilos e esperar por sua ajuda".

Preguiça

Categoria	Passagem	Exemplo
Governo ou Supervisão	Pv. 12:24; 19:15 2Ts. 3:10	**Instruções básicas para a vida diária:** "Eu pedi para você sair do sofá e ir limpar seu quarto. Por favor, faça isso agora".
Nutrição no Evangelho	Mt. 26:36–45	**Alimentando a alma do seu filho com a graça:** "Eu vejo que você não quer ter trabalho agora. Por favor, lembre-se da obra incrivelmente difícil que Jesus fez por você, porque ele o ama. Por favor, ore para que ele ajude o seu coração a ver essa obra, e motive-o a fazer o trabalho que você está sendo solicitado para fazer agora. Jesus está trabalhando até mesmo agora para o seu benefício. Ele está orando por você".
Instrução no Evangelho	Sl. 22:1–2 Hb. 5:7–9	**O que Jesus fez:** "A Bíblia nos diz que Jesus derramou muitas lágrimas enquanto pensava sobre a grande obra que tinha que fazer na cruz. Essa obra garantiu a você uma posição diante de seu Pai. O que ele passou em seu favor ele teve que fazer por causa da sua preguiça e do seu amor pelo conforto. Por favor, saiba que o amor dele por você é melhor do que sentir-se confortável agora".

Categoria	Passagem	Exemplo
Correção no Evangelho	Mt. 11:28-30 Jo. 19:17-18 Hb. 12:2	**Corrigindo-o quando ele duvida ou esquece:** "Por favor, veja que o seu desejo de ficar no sofá não lhe trará felicidade. Você acha que ficar jogando no computador lhe trará satisfação. Eu lhe prometo que não. A única coisa que lhe trará o verdadeiro descanso é ver o que já foi feito por você. Quando você vir o que foi feito por você, poderá levantar-se e fazer o trabalho que estamos lhe pedindo para fazer".
Recitando as Promessas do Evangelho	Ef. 4:17-28 Cl. 3:5-6 Ap. 6:16	**Se ele não for cristão:** "Seu amor por descanso e sossego está controlando-o agora. É verdadeiramente tudo pelo que você quer viver. Pensar que você merece conforto apenas lhe causará dor e raiva pelo resto de sua vida. Deus prometeu fazer a obra de derramar sua ira contra aqueles que amam outras coisas mais do que o amam. No último dia você receberá exatamente o que merece. Mas você pode se voltar para ele hoje".

Categoria	Passagem	Exemplo
Recitando as Promessas do Evangelho	Ef. 4:17-28 Cl. 3:5-6 Ap. 6:16	**Se ele for cristão:** "Estou orando para que você veja a futilidade em pensar que o sossego é o que lhe trará alegria. Você recebeu algo infinitamente melhor do que duas horas sem fazer nada. Jesus fez tudo por você para que, nos momentos em que estiver sendo solicitado para o trabalho e não queira trabalhar, você seja capaz de ver a obra perfeita dele por você. Você verá que ele realizou a obra mais difícil e desconfortável que qualquer ser humano jamais teve que realizar. Ele deixou o seu perfeito lugar de descanso e felicidade no céu para vir ao mundo e trabalhar todos os dias a fim de não ceder ao pecado. Então ele foi à cruz e obedeceu até a morte, de modo que a sua preguiça e falta de amor ao próximo fossem totalmente encobertos pelo sangue dele. A parte mais difícil da obra que ele fez por você foi ser separado do pai. Nosso pecado colocado em suas costas o separou daquilo que mais lhe trazia alegria. Ele passou por isso para que você nunca precisasse passar e, neste momento de curvar a sua vontade à de outra pessoa, você pudesse se lembrar de que não está sozinho. Ele está orando por você; ele andou este caminho antes de você. Ele entende como é árduo o trabalho. Ele o ajudará".

Apêndice 3

A Melhor Notícia de Todos os Tempos

Eu (Elyse) só comecei a entender o evangelho no verão antes do meu vigésimo primeiro aniversário. Embora eu tenha frequentado a igreja de vez em quando na minha infância, admito que ela nunca realmente me transformou de forma significativa. Eu era frequentemente levada para a escola bíblica dominical onde ouvia histórias sobre Jesus. Eu sabia, sem realmente entender, a importância do Natal e da Páscoa. Lembro-me de olhar para os belos vitrais, com seu vermelho intenso e profundo azul celeste, e a imagem de Jesus batendo no portão de um jardim, e ter a vaga sensação de que ser religiosa era bom. Mas eu não tinha a menor ideia sobre o que era o evangelho.

A adolescência havia chegado e as minhas lembranças mais fortes dessa época são de desespero e ira. Eu estava constantemente em apuros e odiava todos os que me lembravam disso.

Havia noites em que eu orava para que me tornasse boa, ou melhor, para que eu me livrasse de qualquer problema em que estivesse metida, só para no dia seguinte falhar de novo e ficar ainda mais decepcionada e irada.Após a formatura do Ensino Médio, aos dezessete anos, eu estava casada, tive um bebê e me divorciei – tudo antes de começar a terceira década da minha vida. Foi durante os meses e anos seguintes que eu descobri os efeitos anestesiantes das drogas, álcool e relacionamentos ilícitos. Embora eu fosse conhecida como uma garota que gostava de se divertir, estava completamente perdida e sem alegria, e estava começando a perceber isso.

Em um determinado momento, me lembro de dizer para um amigo que eu me sentia como se tivesse cinquenta anos de idade, o que, naquele momento da minha vida, era a idade mais avançada que eu conseguia imaginar. Eu estava exausta e enojada, então decidi mudar de vida. Trabalhei em um emprego de tempo integral, peguei todas as matérias que podia em uma faculdade local e cuidei do meu filho. Mudei meus planos de vida e tentei recomeçar. Eu não sabia que o Espírito Santo estava trabalhando no meu coração, atraindo-me para o Filho. Eu só sabia que algo precisava mudar. Não me entenda mal: eu ainda estava vivendo uma vida vergonhosamente ímpia; só que sentia como se estivesse começando a despertar para algo diferente.

Nessa época, Julie entrou na minha vida. Ela era minha vizinha, e era cristã. Ela foi gentil comigo, e nós nos tornamos amigas rapidamente. Ela tinha uma qualidade de vida ao seu redor que me atraiu, e sempre falava comigo sobre o seu Salvador Jesus. Ela me falou que estava orando por mim e frequentemente me incentivava a "ser salva". Embora eu tivesse essa instrução na escola dominical, o que ela tinha a dizer era algo completamente diferente do que eu lembrava ter ouvido. Ela me dizia que eu precisava "nascer de novo".

Então, em uma noite quente em algum dia de junho de 1971, me ajoelhei no meu minúsculo apartamento e disse ao Senhor que eu queria ser sua. Nesse momento, eu realmente não entendia muito sobre o evangelho, mas entendi o seguinte: eu sabia que estava desesperada, e acreditei desesperadamente que o Senhor me ajudaria. Essa oração naquela noite mudou tudo sobre mim. Lembro-me disso agora, trinta e nove anos depois, como se fosse ontem.

Pelas palavras da Escritura, eu sabia que precisava ser salva, e confiei que ele poderia me salvar. Um homem que teve contato com alguns dos discípulos de Jesus fez esta mesma pergunta: "Que devo fazer para que seja salvo?". A resposta foi simples: "Crê no Senhor Jesus e serás salvo" (At. 16:31).

De forma muito simples, em que você precisa crer para ser um cristão? Você precisa saber que precisa de salvação, ajuda ou libertação. Você não deve tentar se melhorar ou decidir que se tornará uma pessoa boa, de modo que Deus fique impressionado. Por ele ser totalmente santo, isto é, perfeitamente justo, você tem que desistir de qualquer pensamento de que pode ser bom o suficiente para satisfazer o seu padrão. Essa é a *boa* má notícia. É uma má notícia porque lhe diz que você está em uma situação impossível a qual você não pode mudar. Mas é também uma boa notícia, porque isso o libertará de ciclos intermináveis de autoaperfeiçoamento que terminam em fracasso total.

Você também precisa confiar que aquilo que você é incapaz de fazer – viver uma vida perfeitamente santa – ele já fez por você. Essa é a *boa* boa notícia. Isso é o evangelho. Basicamente, o evangelho é a história de como Deus olhou para baixo, pelos corredores do tempo, e derramou o seu amor sobre o seu povo. Em um determinado momento, ele enviou o seu Filho ao mundo para tornar-se totalmente como nós. Essa é a história sobre a qual você ouve no período do Natal. Esse bebê cresceu para ser um homem e, após trinta anos de obscuridade, começou a revelar ao povo quem ele era. Ele fez isso por meio da realização de milagres, curando os enfermos e ressuscitando os mortos. Ele também demonstrou sua divindade ao ensinar às pessoas o que Deus exigia delas e continuamente predisse a chegada de sua morte e ressurreição. E fez mais uma coisa: ele afirmou ser Deus.

Por causa dessa sua afirmação, os líderes religiosos, juntamente com as forças políticas da época, aprovaram uma sentença injusta de morte para ele. Embora nunca tivesse feito nada de errado, ele foi açoitado, escarnecido e vergonhosamente executado. Ele morreu. Embora parecesse que ele havia falhado, a verdade é que este era o plano de Deus desde o início.

Seu corpo foi retirado da cruz e colocado rapidamente em uma tumba de pedra em um jardim. Após três dias, alguns de seus seguidores foram cuidar adequadamente de seus restos mortais e descobriram que ele havia ressuscitado dos mortos. Eles realmente falaram com ele, tocaram-no e comeram com ele. Essa é a história que celebramos na Páscoa. Após outros quarenta dias, ele foi levado de volta ao céu, ainda em sua forma física, e disse aos seus discípulos que retornaria ao mundo exatamente da mesma maneira.

Eu lhe disse que existem duas coisas que você precisa saber e crer. A primeira é que você precisa de uma ajuda mais significativa do que você ou qualquer outra pessoa meramente humana poderia fornecer. A segunda é que você creia que Jesus, o Cristo, é a pessoa que fornecerá essa ajuda, e que, se você achegar-se a ele, ele não lhe virará as costas. Você não precisa entender muito mais do que isso, e se realmente crer nessas verdades, sua vida será transformada pelo seu amor.

Abaixo eu escrevi alguns versículos da Bíblia para você. Ao lê-los, você pode falar com Deus, como se ele estivesse sentado bem ao seu lado (porque sua presença está em todo lugar), e pedir-lhe ajuda para entender. Lembre-se, a ajuda não é baseada em sua capacidade de compreender perfeitamente ou em qualquer outra coisa que você possa fazer. Se confiar nele, ele prometeu ajudá-lo, e isso é tudo o que você precisa saber por enquanto.

> *Pois todos pecaram e carecem da glória de Deus. (Rm. 3:23)*

Porque o salário do pecado é a morte, mas o dom gratuito de Deus é a vida eterna em Cristo Jesus, nosso Senhor. (Rm. 6:23)

Porque Cristo, quando nós ainda éramos fracos, morreu a seu tempo pelos ímpios. Dificilmente, alguém morreria por um justo; pois poderá ser que pelo bom alguém se anime a morrer. Mas Deus prova o seu próprio amor para conosco pelo fato de ter Cristo morrido por nós, sendo nós ainda pecadores. (Rm. 5:6-8)

Aquele que não conheceu pecado, ele o fez pecado por nós; para que, nele, fôssemos feitos justiça de Deus. (2Co. 5::21)

Se, com a tua boca, confessares Jesus como Senhor e, em teu coração, creres que Deus o ressuscitou dentre os mortos, serás salvo. Porque com o coração se crê para justiça e com a boca se confessa a respeito da salvação. Porquanto a Escritura diz: Todo aquele que nele crê não será confundido... uma vez que o mesmo é o Senhor de todos, rico para com todos os que o invocam. Porque: Todo aquele que invocar o nome do Senhor será salvo. (Rm. 10:9-13)

E o que vem a mim, de modo nenhum o lançarei fora. (Jo. 6:37)

E, assim, se alguém está em Cristo, é nova criatura; as coisas antigas já passaram; eis que se fizeram novas. (2Co. 5:17)

> *Vinde a mim, todos os que estais cansados e sobrecarregados, e eu vos aliviarei. Tomai sobre vós o meu jugo e aprendei de mim, porque sou manso e humilde de coração; e achareis descanso para a vossa alma. (Mt. 11:28-29)*

> *Agora, pois, já nenhuma condenação há para os que estão em Cristo Jesus. (Rm. 8:1)*

Se quiser, você pode fazer uma oração assim:

Querido Deus,
Eu admito que não entendo tudo sobre isso, mas acredito nessas duas coisas: eu preciso de ajuda, e o Senhor quer me ajudar. Confesso que sou como a Elyse e que tenho praticamente ignorado o Senhor por toda a minha vida, a não ser quando estive com problemas ou só queria me sentir bem comigo mesmo. Eu sei que não tenho amado o meu próximo ou ao Senhor, então é verdade que mereço ser punido e realmente preciso de ajuda. Mas também acredito que o Senhor me trouxe aqui, agora, para ler esta página, porque está disposto a me ajudar, e que se eu pedir a sua ajuda, o Senhor não me mandará embora de mãos vazias. Estou começando a entender como o Senhor puniu o seu Filho em meu lugar e como, por causa de seu sacrifício por mim, posso ter um relacionamento com o Senhor. Pai, por favor, guia-me a uma boa igreja e ajude-me a

entender a sua Palavra. Dou-lhe a minha vida e peço ao Senhor para me fazer seu. Em nome de Jesus, amém.

Aqui estão mais dois pensamentos. Em sua bondade, Jesus estabeleceu sua igreja para incentivar-nos e ajudar-nos a compreender e viver estas duas verdades. Se você sabe que precisa de ajuda e acha que Jesus é capaz de fornecer essa ajuda, ou se ainda está questionando, mas quer saber mais, por favor, procure uma boa igreja no seu bairro e comece a se relacionar com as pessoas lá. Uma boa igreja é aquela que reconhece que não podemos salvar a nós mesmos por nossa própria bondade e que confia inteiramente em Jesus Cristo (e mais ninguém) para a salvação.

Você pode ligar e fazer essas perguntas ou pode, até mesmo, entrar na internet e buscar uma lista de igrejas da sua região. Normalmente, no site de uma igreja terá uma coisa chamada "Declaração de Fé", a partir da qual é possível obter informações sobre a igreja. Mórmons e Testemunhas de Jeová não são igrejas cristãs, e eles não acreditam no evangelho (embora talvez digam-lhe que sim), então você não deveria visitá-las. Encontrar uma boa igreja às vezes é um processo e tanto, por isso não desanime se não conseguir de imediato. Continue tentando e acreditando que Deus o ajudará.

Em segundo lugar, outro fator que o ajudará a crescer nesta nova vida de fé é começar a ler o que Deus disse sobre si mesmo e sobre nós em sua Palavra, a Bíblia. No Novo Testamento (mais ou menos o último terço da Bíblia) há quatro Evangelhos ou narrativas sobre a vida de Jesus. Recomendo que você comece com o primeiro, Mateus, e depois trabalhe ao longo dos outros três. Recomendo que você compre uma boa tradução moderna, como a Almeida Revista e Atualizada, mas você pode obter qualquer versão (embora não uma paráfrase) com a qual esteja confortável e já comece a ler.

O último pedido que eu tenho para você é que entre em contato comigo por meio do meu site, www.elysefitzpatrick.com, se você decidiu seguir Jesus durante a leitura deste livro. Obrigada por reservar um tempo para ler esta pequena explicação sobre a notícia mais importante que você poderia ouvir. Você pode começar a confiar que o Senhor o ajudará a entender e a tornar-se o que ele quer que você seja: uma pessoa que foi tão amada por ele que é transformada tanto em sua identidade quanto em sua vida.

NOTAS

Introdução: Você é um Pai Cristão?
1. Brent Kunkle cita "os estudos mais recentes e mais citados" que ele pôde encontrar sobre as percentagens de jovens que deixam a igreja uma vez que saem de casa: 88 por cento (estudo do Conselho de Vida Familiar da Convenção Batista do Sul dos EUA, 2002); 70 por cento (estudo do ministério LifeWay Research, 2007; LifeWay também descobriu que somente 35 por cento retornam eventualmente); 66 por cento (estudo das Assembleias de Deus); 61 por cento (estudo do ministério Barna, "*Most Twentysomethings Put Christianity on the Shelf* [A Maioria dos Jovens de Vinte e Poucos Anos Deixa o Cristianismo de Lado]," 2006) em "*How Many Youth Are Leaving the Church*? [Quantos Jovens Estão Deixando a Igreja?]" (http://www.conversantlife.com/theology/how-many-youth-are-leaving-the-church).

2. http://www.lifeway.com/lwc/article_main_page/ 0,1703,A=165949&M=200906,00.html.
3. Julius J. Kim, "*Rock of Ages: Exodus 17:1–7*" [Rocha Eterna: Êxodo 17:1-7], em *Heralds of the King: Christ-Centered Sermons in the Tradition of Edmund P. Clowney* [Arautos do Rei: Sermões Cristocêntricos na Tradição de Edmund P. Clowney], ed. Dennis E. Johnson (Wheaton, IL: Crossway, 2009), 88.
4. Michael S. Horton, *Joel Osteen and the Glory Story: A Case Study* [Joel Osteen e a História da Glória: Um Estudo de Caso]. Parte de uma coleção de ensaios escritos pelo Dr. Horton após sua entrevista no programa *60 Minutes*, a qual foi ao ar em 14 de outubro de 2007.
5. Sally Lloyd-Jones, *The Jesus Storybook Bible: Every Story Whispers His Name* [Livro de Histórias Bíblicas de Jesus: Todas as Histórias Sussurram Seu Nome] (Grand Rapids, MI: ZonderKidz, 2007), 14–17; ênfase adicionada.

Capítulo 1: Do Sinai ao Calvário

1. Gerhard O. Forde, *On Being a Theologian of the Cross: Reflections on Luther's Heidelberg Disputation, 1518* [Sobre Ser Um Teólogo da Cruz: Reflexões Sobre a Disputa de Heidelberg de Lutero, 1518] (Grand Rapids, MI: Eerdmans, 1997), 23.
2. Fomos primeiramente apresentadas a categorias como essas no discurso de Martinho Lutero sobre Gálatas. Embora as categorias que escolhemos sejam um pouco diferente das suas, extraímos a ideia de níveis mais baixos de lei e obediência de seu pensamento. Martinho Lutero, *Galatians: Crossway Classic Commentaries* [Gálatas], ed. Alister McGrath (Wheaton, IL: Crossway), 1998.
3. Forde, *On Being a Theologian* [Sobre Ser Um Teólogo], 23.
4. Em *Heralds of the King* [Arautos do Rei], Julius Kim descreve a sua instrução na pregação cristocêntrica. Um de seus professores, Derke Bergsma, o ensinou: "Se um rabino puder pregar o seu sermão, ele não é um sermão cristão" (Julius J. Kim, *"Rock of Ages: Exodus 17:1–7"* [Rocha

Eterna: Êxodo 17:1-7], em *Heralds of the King: Christ-Centered Sermons in the Tradition of Edmund P. Clowney* [Arautos do Rei: Sermões Cristocêntricos na Tradição de Edmund P. Clowney], ed. Dennis E. Johnson [Wheaton, IL: Crossway, 2009], 90). Embora a analogia não seja exata, porque os pais também precisam instruir seus filhos em habilidades básicas para a vida, a mensagem principal de pais cristãos precisa diferir radicalmente da de incrédulos moralistas.

5. Tullian Tchividjian, *Surprised by Grace: God's Relentless Pursuit of Rebels* [Surpreendido pela Graça: Deus Busca os Rebeldes sem se Cansar] (Wheaton, IL: Crossway), 2010.

Capítulo 2: Como Criar Bons Filhos

1. Martinho Lutero, *Concerning Christian Liberty* [Da Liberdade Cristã] (Gloucestershire, UK: Dodo Press, 2008), 12.
2. Sally Lloyd-Jones, *Jesus Storybook Bible: Every Story Whispers His Name* [Livro de Histórias Bíblicas de Jesus: Todas as Histórias Sussurram Seu Nome] (Grand Rapids, MI: ZonderKidz), 20.
3. A graça comum é "a afeição genuína de Deus [que] foi derramada sobre todas as pessoas, independentemente de quem sejam ou dos erros que possam ter cometido. Como Jesus disse, Deus 'faz nascer o seu sol sobre maus e bons e vir chuvas sobre justos e injustos' (Mt. 5:45)". James Montgomery Boice, *"Common Grace"* [Graça Comum], http://ldolphin.org/common.html.
4. Catecismo de Heidelberg, pergunta e resposta 60.
5. "Porque verdadeiramente se ajuntaram nesta cidade contra o teu santo Servo Jesus, ao qual ungiste, Herodes e Pôncio Pilatos, com gentios e gente de Israel, para fazerem tudo o que a tua mão e o teu propósito predeterminaram" (At. 4:27–28).
6. Nós não estamos dizendo que o pecado ou a desobediência sejam inerentemente bons. Estamos dizendo que nosso pecado inevitável é uma ocasião para voltarmos os nossos olhos para Jesus mais uma vez e sermos gratos por tudo o que ele já fez.

Capítulo 3: Esta é a Obra de Cristo
1. Martinho Lutero, citado em Gerhard O. Forde, *On Being a Theologian of the Cross: Reflections on Luther's Heidelberg Disputation, 1518* [Sobre Ser Um Teólogo da Cruz: Reflexões Sobre a Disputa de Heidelberg de Lutero, 1518] (Grand Rapids, MI: Eerdmans, 1997), 127.
2. *"Why Are Parents So Quick to Criticize Themselves?"* [Por que os Pais São Tão Rápidos em Criticar a Si Mesmos?] (http://family.custhelp.com/cgi-bin/family.cfg/enduser/prnt_faquid+698&p). Leslie Leyland Fields, *"Parenting Is Your Highest Calling" And 8 Other Myths That Trap Us in Worry and Guilt* [Criar Filhos é o Seu Maior Chamado" E 8 Outros Mitos que nos Aprisionam em Preocupação e Culpa] (Colorado Springs, CO: Waterbrook, 2008), 5.

Capítulo 4: Jesus Ama Todos os Seus Pequenos Pródigos e Fariseus
1. Gerhard O. Forde, *On Being a Theologian of the Cross: Reflections on Luther's Heidelberg Disputation, 1518* [Sobre Ser Um Teólogo da Cruz: Reflexões Sobre a Disputa de Heidelberg de Lutero, 1518] (Grand Rapids, MI: Eerdmans, 1997), 27.
2. *Jesus Loves Me* [Cristo Me Ama] é um hino cristão escrito por Anna B. Warner. A letra apareceu primeiramente como um poema no contexto de um romance chamado *Say and Seal* [Dizer e Selar], escrito por Susan Warner e publicado em 1860. A melodia foi adicionada em 1862 por William Batchelder Bradbury que encontrou a letra de *"Jesus Loves Me"* em um livro, no qual as palavras eram ditas como um poema de conforto a uma criança no leito de morte. Juntamente com sua melodia, Bradbury adicionou o seu próprio refrão, *"Yes, Jesus loves me, Yes, Jesus loves me"* [Cristo Me Ama, Cristo Me Ama]. Após sua publicação, a canção se tornou um dos hinos cristãos mais populares nas igrejas ao redor do mundo (http://en.wikipedia.org/wiki/Jesus_Loves_Me).
3. Edward Mote, *"My Hope is Built on Nothing Less"* [A Minha Fé e o Meu Amor, hino 348 do HCC], 1834.

Capítulo 5: Graça que Educa

1. Bryan Chapell, *Holiness by Grace: Delighting in the Joy That Is Our Strength* [Santidade Pela Graça: Deleitando-se na Alegria que é a Nossa Força] (Wheaton, IL: Crossway, 2002), 126.
2. Ibid, 117.
3. Ibid.
4. Na passagem de Colossenses, Paulo inicia sua instrução às famílias desta maneira: "E tudo o que fizerdes, seja em palavra, seja em ação, fazei-o *em nome do Senhor Jesus*, dando por ele graças a Deus Pai. Esposas, sede submissas ao próprio marido, como convém *no Senhor*... Filhos, em tudo obedecei a vossos pais; pois fazê-lo é grato diante do *Senhor*. Pais, não irriteis os vossos filhos, para que não fiquem desanimados" (3:17-18; 20-21). O contexto para todo relacionamento familiar é "no Senhor".
5. Paulo normalmente usa *kurios* (traduzido "Senhor" em nossa passagem) do Senhor Jesus.
6. Tito 1:5-6 diz, "Por esta causa, te deixei em Creta, para que pusesses em ordem as coisas restantes, bem como, em cada cidade, constituísses presbíteros, conforme te prescrevi: alguém que seja irrepreensível, marido de uma só mulher, que tenha filhos crentes que não são acusados de dissolução, nem são insubordinados". Embora haja muita divergência sobre a interpretação adequada dessa passagem, as notas da *Bíblia de Estudo ESV* são úteis aqui: "'Que tenha filhos crentes' também pode ser traduzido como 'que tenha filhos fiéis' (Gr. *pistos*). O argumento principal para traduzir como 'crentes' é que, nas cartas a Timóteo e a Tito, essa palavra quase sempre se refere à 'fé salvadora'. Aqueles que pensam que deveria ser traduzido como 'fiéis' argumentam que nenhum pai pode garantir a conversão de seus próprios filhos, mas ele pode normalmente garantir que eles ajam de forma 'fiel'. Além disso, a passagem paralela em 1 Timóteo 3 diz apenas que os filhos devem ser disciplinados, e não que a conversão deles seja um requisito para seu pai ser um presbítero. A preocupação na passagem é que os filhos

se comportem de forma adequada e não estejam abertos à acusação de deboche ou insubordinação. A palavra "filhos" (pl. do Gr. *teknon*) se aplicaria apenas aos filhos vivendo em casa e ainda sob a autoridade de seu pai". (*Bíblia de Estudo ESV* [Wheaton, IL: Crossway, 2008], 2348).
7. Nessa mesma linha, em Gálatas 4:2-3, Paulo escreve que um pai designa "tutores e curadores" para supervisionar a formação de seu filho.
8. Ver também 1Co. 4:14: "Não vos escrevo estas coisas para vos envergonhar; pelo contrário, para vos admoestar como a filhos meus amados"; 1Ts. 2:11–12: "E sabeis, ainda, de que maneira, como pai a seus filhos, a cada um de vós, exortamos, consolamos e admoestamos, para viverdes por modo digno de Deus, que vos chama para o seu reino e glória".

Capítulo 6: Sabedoria Maior que a de Salomão
1. Edmund P. Clowney, *Preaching Christ in All of Scripture* [Pregando Cristo em Toda Escritura] (Wheaton, IL: Crossway, 2003), 147.
2. "O texto grego não especifica se estes eram dois homens ou um homem e uma mulher (talvez um marido e uma esposa) caminhando juntos" (*Bíblia de Estudos ESV*, notas sobre Lucas 24:25 [Wheaten: IL, Crossway, 2008], 2013). Apesar de não sabermos quem acompanhava Cleopas, seria possível que o Salvador visitasse sua tia e tio, particularmente visto que Maria, sua tia, havia estado lá na sua crucificação.
3. Clowney, *Preaching Christ* [Pregando Cristo], 32.
4. Dennis E. Johnson, *Heralds of the King: Christ-Centered Sermons in the Tradition of Edmund P. Clowney* [Arautos do Rei: Sermões Cristocêntricos na Tradição de Edmund P. Clowney] (Wheaton, IL: Crossway, 2009), 28.
5. Sally Lloyd-Jones, *The Jesus Storybook Bible: Every Story Whispers His Name* [Livro de Histórias Bíblicas de Jesus: Todas as Histórias Sussurram Seu Nome] (Grand Rapids, MI: ZonderKidz, 2007).
6. Há outros versos em que a vara e correção física são citados, mas esses são destinados a adultos que necessitam de correção em vez de filhos.
7. Alguns pais preferem usar uma vara ou um pedaço de pau para ad-

ministrar correção. Embora seja verdade que Provérbios use o termo "vara" (na verdade galho ou ramo) e muitas pessoas acreditem que o uso da mão seja inapropriado ou não-bíblico, pensamos que esta é uma questão de escolha. Alguns argumentam que o filho temerá a mão dos pais se a disciplina for administrada dessa forma. Se isso é verdade não é possível saber, como é a premissa de que o filho será tentado ao medo pecaminoso se um pai discipliná-lo fisicamente.
8. Claro, existem crianças que estão estabelecidas em padrões de rebeldia e desafio, não importa o quanto tentemos discipliná-las. Você pode encontrar ajuda especialmente voltada para esses tipos de crianças recalcitrantes no livro da Elyse Fitzpatrick e do Jim Newheiser, *When Good Kids Make Bad Choices* [Quando Filhos Bons Fazem Escolhas Ruins] (Eugene, OR: Harvest), 2005.
9. Martinho Lutero, *Galatians* [Gálatas], Crossway Classic Commentaries, ed. Alister McGrath (Wheaton, IL: Crossway, 1998), 177.
10. Ibid., 148.
11. Bryan Chapell, *Holiness by Grace: Delighting in the Joy That Is Our Strength* [Santidade Pela Graça: Deleitando-se na Alegria que é a Nossa Força] (Wheaton, IL: Crossway, 2002), 120.
12. Ibid., 129.
13. Ver também Rm. 8:12-17.
14. Pv. 1:8, 10, 15; 2:1; 3:1, 21; 4:10, 20; 5:1, 20; 6:1, 3, 20; 7:1; 19:27; 23:15, 19, 26; 24:13, 21; 27:11; 31:2.
15. Pais *e* mães são responsáveis por ensinar sabedoria ao filho (Pv. 1:8; 6:20).

Capítulo 7: A Única História Realmente Boa
1. João Calvino, *Institutes of the Christian Religion* [Institutas da Religião Cristã], ed. John T. McNeill (Filadélfia, PA: Westminster Press, 1960), 3.7.5.
2. Somos uma família em que ensina nossos filhos em domicílio. Isso não significa que pensemos que o ensino domiciliar seja a única opção para

as famílias cristãs. Em algumas casas isso simplesmente não é possível por uma miríade de razões. Em outras, é uma ótima opção, e uma em que alguns pais e filhos se destacam. As muitas opções que estão disponíveis em relação à educação de nossos filhos não é algo do qual trataremos aqui, porque pensamos que o evangelho dá espaço a cada uma. Pensamos que algumas escolas públicas, algumas escolas cristãs ou particulares e algumas escolas em domicílio são ótimas. Também sabemos que há perigos e armadilhas em cada uma, e os pais devem buscar aplicar a cruz em cada escolha, com cada filho. No entanto, quer você tenha decidido pelo ensino domiciliar, escola particular ou cristã, ou escola pública, o seu objetivo principal deve ser de cumprir os mandamentos do Filho amado de amar o próximo e espalhar a boa-nova a respeito dele.

3. Ver também Êx. 34:16; Ne. 13:1-3; e Es. 9:2: "Pois tomaram das suas filhas para si e para seus filhos, e, assim, se misturou a linhagem santa com os povos dessas terras".
4. Raabe, a meretriz, e Rute, a moabita são exemplos perfeitos de redenção graciosa e casamentos entre antigos pagãos e israelitas. Há também exemplos da tolice do casamento entre crentes e idólatras, como entre Salomão e suas esposas pagãs (1Re. 11:4).
5. *Bíblia de Estudo ESV*, notas sobre 1Co. 7:14 (Wheaton, IL: Crossway, 2008), 2200.
6. Paulo também ordena àqueles que ainda estão para se casar a fazê-lo "somente no Senhor" (1Co. 7:39). Já aconselhei muitas mulheres que se casaram com incrédulos e sofreram significativas lutas por causa disso para saber que a não obediência nessa área ocasiona grande dor de cabeça.
7. "[Jugo desigual com os incrédulos] é, portanto, uma imagem associada à aliança feita erroneamente com incrédulos. No contexto, refere-se especialmente àqueles que ainda estão se rebelando contra Paulo *dentro* da igreja, os quais Paulo agora chocantemente rotula como infiéis". *Bíblia de Estudo ESV*, notas sobre 2Co. 6:14 (2231; ênfase adicionada).

8. Como a espiritualidade e a maturidade de cada filho são diferentes, é importante conhecer os tipos de tentações que serão mais difíceis para o seu filho enfrentar. Por exemplo, se o seu filho está terrivelmente tentado pelas piadas indecentes do seu coleguinha Andrew, então, após chamar a atenção dele várias vezes, talvez você tenha que impedi-lo de passar tempo com o Andrew. Mas o nosso objetivo como noiva do Filho amado não é nos separarmos de "pecadores"; ao contrário, é estabelecer relações apropriadas, e ainda amorosas, com eles. Somos ordenados a ir "para dentro" do mundo.
9. Provavelmente da comédia de Menandro *Thais* (Bíblia de Estudo, nota sobre 1Co. 15:33).
10. C. S. Lewis, *The Joyful Christian* [O Cristão Alegre] (Nova York: Collier, 1977), 80.
11. Correspondência não publicada do Pastor David Fairchild em 2010. Usado com permissão.
12. Calvino, *Institutes* [Institutas] 3.7.5.

Capítulo 8: Vá e Diga a Seu Pai
1. Andrew Murray, *With Christ in the School of Prayer* [Com Cristo na Escola de Oração] (Londres: James Nisbet, 1887), 26.
2. Ibid., 43.
3. Ibid., 25.
4. Paul Miller, *A Praying Life: Connecting with God in a Distracting World* [O Poder de Uma Vida de Oração: Como Viver em Comunhão com Deus em um Mundo Caótico] (Colorado Springs, CO: NavPress, 2009), 59.
5. João Calvino, *John, Part 1*, *Calvin's Bible Commentaries* [João, Parte 1, Comentários Bíblicos de Calvino] (Forgotten Books, 2007), 171 (http://www.forgottenbooks.org).

Capítulo 9: Pais Fracos e Seu Forte Salvador
1. Dave Harvey, notas de um sermão não publicado. Usado com permissão.
2. Ver também Sl. 115:1; Rm. 16:27; Gl. 1:5; Ef. 3:21; 1Tm. 1:17; 2Tm. 4:17-18; Hb. 13:20-21; 2Pe. 3:17; Jd. 25; Ap. 1:5-6; 4:11; 5:11-13; 19:6-7.

Deus usa a antiga identidade de Paulo como Saulo, o perseguidor assassino da igreja, para glorificar a si mesmo: "Fiel é a palavra e digna de toda aceitação: que Cristo Jesus veio ao mundo para salvar os pecadores, dos quais eu sou o principal. Mas, *por esta mesma razão*, me foi concedida misericórdia, para que, em mim, o principal, *evidenciasse Jesus Cristo a sua completa longanimidade*, e servisse eu de modelo a quantos hão de crer nele para a vida eterna. Assim, ao Rei eterno, imortal, invisível, Deus único, honra e glória pelos séculos dos séculos. Amém!" (1Tm. 1:15–17). Quantas vezes o seu coração foi encorajado pela negação de Pedro do Senhor e pelo acolhimento e restauração dele pelo Senhor? Deus usa o terrível pecado de Pedro para mostrar que ele é um Salvador maravilhoso.

3. F. W. Krummacher, *The Suffering Savior* [O Salvador Sofredor] (Carlisle, PA: Banner of Truth, 2004), 9–10.
4. Embora Deus governe soberanamente sobre o nosso pecado, ele não é responsável por ele. Nós somos responsáveis pelos nossos pecados; ele não. No entanto, existe um momento em que os nossos pecados e a soberania de Deus se cruzam para a sua glória. Essa interseção entre a nossa responsabilidade e sua soberania é chamada de "concorrência".
5. Muito do que temos a dizer nesta parte foi pregado por Dave Harvey e acessado pelo site: http://www.metrolife.org/messages.html.
6. Paul Barnett, *The Message of 2 Corinthians* [A Mensagem de 2 Coríntios] (Downers Grove, IL: InterVarsity, 1988), 178.

Capítulo 10: Descansando na Graça
1. Martinho Lutero, *Galatians* [Gálatas], Crossway Classic Commentaries (Wheaton, IL: Crossway, 2003), 33.
2. Da descrição de Gary Chapman e Ross Campbell, *The Five Love Languages of Children* [As Cinco Linguagens do Amor das Crianças], no site da *Amazon*. Este livro foi listado como sucesso de vendas na área de criação cristã de filhos.
3. Da avaliação de um leitor no site da *Amazon* do livro de Gary e Anne Marie Ezzo, *Growing Kids God's Way: Biblical Ethics for Parenting* [Edu-

cando Filhos à Maneira de Deus: Ética Bíblica para Criação de Filhos] (Louisiana: MO: Growing Families International, 2002). Percebemos que os Ezzos não são responsáveis pelo que os leitores dizem sobre os seus livros, mas é interessante que um comentário comum sobre a leitura de seus livros é que "geram uma autoconfiança paterna muito forte". Em seu website, os Ezzos dizem, *"Educando Filhos à Maneira de Deus* pode ajudar qualquer pai a alcançar o coração dos seus filhos com virtudes e valores que decorrem do caráter de Deus e fazer isso sem estressar o filho ou os pais".

4. Sinclair Ferguson, *By Grace Alone* [Pela Graça Somente] (Lake Mary, FL: Reformation Trust, 2010), xv.

5. Lutero, *Galatians* [Gálatas], 33.

FIEL
MINISTÉRIO

O Ministério Fiel visa apoiar a igreja de Deus de fala portuguesa, fornecendo conteúdo bíblico, como literatura, conferências, cursos teológicos e recursos digitais.

Por meio do ministério Apoie um Pastor (MAP), a Fiel auxilia na capacitação de pastores e líderes com recursos, treinamento e acompanhamento que possibilitam o aprofundamento teológico e o desenvolvimento ministerial prático.

Acesse e encontre em nosso site nossas ações ministeriais, centenas de recursos gratuitos como vídeos de pregações e conferências, e-books, audiolivros e artigos.

Visite nosso site

www.ministeriofiel.com.br

Leia Também

WILLIAM P. SMITH

CONVERSE com seus FILHOS

Educando na linguagem da graça

Prefácio por Paul David Tripp

Leia Também

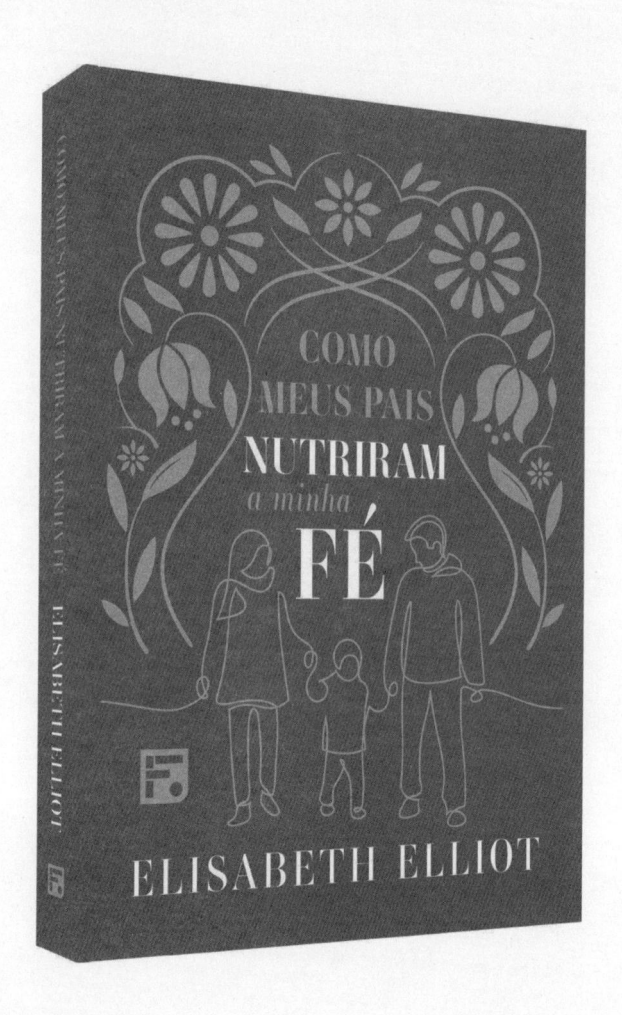

COMO MEUS PAIS NUTRIRAM a minha FÉ

ELISABETH ELLIOT

Leia Também

Esta obra foi composta em Chaparral Pro Regular 11,4, e impressa
na Promove Artes Gráficas sobre o papel Pólen Natural 70g/m²,
para Editora Fiel, em Março de 2024.